马云传

阿里巴巴二十年归来

王健平◎著 陈 润◎主编

团结出版社

图书在版编目（CIP）数据

马云传 / 王健平著 . -- 北京：团结出版社 ,2019.8
ISBN 978-7-5126-7320-5

Ⅰ . ①马… Ⅱ . ①王… Ⅲ . ①马云—传记 Ⅳ . ① K825.38

中国版本图书馆 CIP 数据核字（2019）第 191747 号

马云传

王健平 著

出　　版：	团结出版社
	（北京市东城区东皇城根南街84号　邮编：100006）
责任编辑：	郑 纪
电　　话：	(010) 65228880
发　　行：	(010) 51393396
网　　址：	http://www.tjpress.com
E – mail：	65244790@163.com
经　　销：	全国新华书店
印　　刷：	三河市华东印刷有限公司

开　　本：	145×210　1/32
印　　张：	9.75
字　　数：	200千字
版　　次：	2020年1月第1版
印　　次：	2020年3月第2次印刷

书　　号：	978-7-5126-7320-5
定　　价：	49.00元

丛书序

为中国标杆企业立传

古希腊哲学家柏拉图提出过人生三问:"我是谁?我从哪里来?我要到哪里去?"

"现代管理学之父"彼得·德鲁克有企业三问:我们企业是个什么企业?我们企业将是个什么企业?我们企业应该是个什么企业?

其实,无论个人还是企业,不同的个体、组织有不同的基因、命运和结局。对于个人来说,要有思想和灵魂,才能活得明白,取得成功。对于企业而言,要有愿景、使命、价值观,才能做大做强,基业长青。世间万物,皆有"灵魂",我们要不断地找魂、炼魂。

每个企业出生时都有"灵魂",但发展壮大以后就容易被忽视,往往当危机袭来才意识到"灵魂"不复存在,老板无力回天,毕竟灵魂人物也会在名利浮华中失去"灵魂"。企业的灵魂人物是创始人,他给企业创造的最大财富是企业家精神;管理的核心是管理愿景、使命、价值观,我们通常将其称为企业文化。有远见的企业家重视找魂、炼魂，其中效率最高、成本最低的方式是写作企业家传记和企业史，前者提炼企业家精神，后者重塑企业文化，以此重塑企业，找到企业复兴之路。

当今世界正处在百年未有之大变局之中，企业家面临空前机遇，也面临新的挑战：企业转型升级、品牌价值重塑、精神文化复兴。成功的企业家不仅要满足客户、成就员工、回报股东，更应该实现自我，以管理智慧、商业思想、人生哲学塑造人格品牌和企业文化，形成超越行业、引领未来的时代影响力。

"立德、立功、立言"，这是儒家追求，也是人生大道。在过去8年间，我所创办的润商文化秉承"以史明道，以道润商"的使命，汇聚一大批专家学者、财经作家、媒体精英，专注于企业定制出版和传播，为中国标杆企业立传。我们为招商局金融、华润、戴尔中国、用友、卓尔等数十家著名企业提供知识服务，策划出版过美的、碧桂园、小米、奇虎360等企业史类具有影响力的作品，将部分优秀作品版权输出到海外，而且出版了近百部研究顶级企业家智慧和企业发展模式的财经图书，堪称最了解中国本土企业管理水平和商业模式的知识服务机构之一。在我看来，人类总是在不断重复相同的错误，企业发展史亦是不断犯错的过程，而真正能够超越历史的企业才称得上"以史为鉴"。

正是出于对中国商业文明的专业研究精神和时代使命感、责任感，当我提出策划出版"中国著名企业家传记"丛书的倡议之后，得到了团结出版社的大力支持。2019年，我们启动"中国著名企业家传记"丛书的学术研究和出版工程，聚集业内知名财经作家组建研究团队，花费大半年时间进行专题研究和创作，作品陆续出版问世。为了高标准、高品质打造精品工程，我们首批仅选取李嘉诚、任正非、马云、雷军、董明珠、彭蕾等著名企业家作为样本，特别是董明珠和彭蕾两位女性企业家，让我们真切感知到这句话："商业因女性而美好。"

一直以来，我们致力于实现文化工作者的梦想——为有思想的企业提升价值，为有价值的企业传播思想。作为中国商业观察者、记录者、传播者，我们将聚焦于更多中国标杆企业、行业龙头企业、区域领导品牌、高成长型创新公司等有价值的企业，将"中国著名企业家传记"丛书不断完善。为企业家立言，为企业立命，为中国商业立标杆，重塑企业品牌价值，推动中国商业进步。

通过"中国著名企业家传记"丛书的调查研究和出版工程，我们意在为更多中国企业汲取前行的智慧和力量，为读者在喧嚣浮华的时代打开一扇希望之窗：

在这个美好时代，每个人都可以通过奋斗和努力，成为想成为的那个自己。

"中国著名企业家传记"丛书主编 陈润

2019年9月1日

前 言

1995年6月，天气逐渐炎热起来，杭州电子工业学院党政办公室主任坐在桌前，凝视着刚打印出来不久的文件：

"马云，男，1988年8月杭州师范学院英语专业本科毕业，分配来我院基础课部从事英语教学工作，1994年调任院党政办公室所属外事办公室主任。该同志以深入社会，锻炼自己，积累经验为由书面提出辞职，经所在部门领导挽留，该同志坚持辞职。

"根据上级有关文件精神，经院长批准，同意马云同志辞职。辞职时间为一九九五年六月一日。"

五分钟后，主任熟稔地打开抽屉，小心翼翼地拿出公章，盖在文件的落款处。到当天下班时，有关这个年轻人辞职的记忆，已经被他彻底抛入脑后，一如其他的繁杂公务。

此后二十年不到，整个国家都已经知道了曾经的青年教师马云。

辞职之后，马云亲手创建了市值四千多亿美元的公司，让全中国女性找到了足不出户购物消费的捷径，他将互联网和货币基金第一次结合起来，他的梦想是"让天下没有难做的生意"。即便如此，马云始终没有忘记曾经的教师身份，甚至不乏感性地说道："我最快乐的时候，是一个月拿91块钱，我当老师的时候。"

但马云可能并未意识到，他从来没有真正离开过教坛。

最初，马云教会了自己什么是创业。从"海博翻译社"、"中国黄页"到"国富通"，尽管他从互联网市场上挖到了"第一桶金"，也看到了梦想成功的曙光，但却始终功亏一篑。这让他更清楚地看到了自身的优势，也形成了个人价值观、使命、愿景的内核，奠定了此后阿里巴巴企业文化的灵魂渊源。

随后，马云教会了追随者什么是创业。从北京回到杭州时，跟随他创建阿里巴巴的只有十余个人，连公司场地也是在民房中。如此条件下，马云身先士卒，以超越常人的意志决心、坚韧不拔的毅力、乐观开朗的活力，化解了"学生"面前重重艰难困阻，最终坚持拿到风险投资。

再然后，马云教会了市场什么是电子商务。获得国际风投之后，马云和他的阿里巴巴以惊人的效率，不断开启着中小企业学习电子商务的智慧之门。通过高标准、严要求的营销和服务，阿里巴巴通过其"诚信通"、"中国供应商"等项目，以切实的变化，给当时中国的所有中小企业主上了一课，让他们亲身体验到电子商务与传统商务之间的明显差别，并坚决地选择加入互联网贸易的大军。在改变了中小企业主的商务思维与方式之后，马云又以淘宝、支付宝、余额宝等项目，不断向全中国亿万普通民众上课，让他们知道购物、支付、理财等日常司空见惯的生活内容，一旦转移到互联网平台上，完全可以带来截然不同的体验，收获意想不到的财富。

毫无疑问，担任了无数中国人互联网商业导师的马云，也在某种程度上成为全世界互联网企业的导师。在马云之前，绝大多数亚洲互联网企业的运营模式均脱胎于欧美，而在他之后，人们意识到东西方的具体国情和社会文化差异，完全能够造就出迥然不同的互联网商业模式，并没有孰高孰低之分。

当然，马云也是阿里巴巴每一代员工心目中的"马老师"。在阿里，数十年如一日坚持的价值观为主导和重要内容的招聘与考核工作，使整个阿里有着为集体愿景和个人目标而奋斗的和谐气氛，犹如在孜孜不倦的班主任管理与示范下，诞生出求知、求真、求善、求美的庞大学习班级。或许，这也能解释为什么阿里人互相称为"同学"，为什么阿里人能够跨越上下级的层级而心平气和地探讨问题，为什么阿里人能够以自己的身份为豪，为什么西溪阿里园区的灯光永远明亮……

在阿里巴巴董事局主席和 CEO 位置上工作了二十年，马云引导并培养了中国互联网商业界中许多重要人才，而最为集中的当属阿里巴巴的高管团队。正因对自己的"教学成果"有着坚实信心，马云才于 2018 年宣布退休计划，并将下一任阿里的"班主任"定为张勇。巧合的是，五十五岁的年龄，正是普通教师最低的退休年龄。

人们看到，将微博头衔设置为"乡村教师代言人"的马云，很可能要在即将开始的退休生活中，再一次走上课堂的讲台。

从事业的巅峰急流勇退后，马云站回人生早年的岗位，重新去寻找教育者的感觉，在身份的变换与回归之间，必然有着普通人无法了解的幸福与充实。事实上，在这个被"贴标签""树靶子""吸眼球""炒热度"等手段主宰社会舆论场的时代，马云并不一定渴望人人都理解他对教育的推崇、对金钱的漠然、对商业的梦想、对国家的热爱。毕竟，他在无数台智能手机和电脑里的戏称是"马爸爸"。这种对财富与权势的赤裸裸崇拜，可能是他当年创业时始料未及的，也是他个人无法控制的。但只有那些真正能够从他的人生轨迹中看出些许端倪的人，才会在面对他时，心悦诚服地喊出一声"马老师"。

而在此之前，这本小书，即将为你揭开有关"马老师"成长、奋斗的故事，它会告诉你，马云如何有资格成为阿里巴巴和万千中小企业的老师，如何努力改变了亿万消费者的生活方式，他又如何像真正的教育者那样，带领所有愿意信任和追随的人，从互联网的拓荒时刻开始，一步步推动中国社会走过电子商务时代，迈入新零售和云时代。

这本小书不是经过包装之后的成功秘诀，也不是关于马云的心灵鸡汤。这本书希望告诉你，马云从未辞职，他只是变换了自己的课堂。通过本书的阅读，读者将了解到，二十年来，从杭州的大街小巷，到纽约的华尔街，从北京的外经贸部员工宿舍，到博鳌论坛的庄严讲台，马云如何以精神的感召力量去教化和感染他人，从未停歇以战略的预判眼光去解读和分享未来。在他的鼓励与支持下，日新月异的互联网技术与长久不变的人类心灵，多年来如何共同成长与滋润，催生与守护了更多中国人的美丽期待。而他在身体力行中所展现出的创业热情、公益关怀、淡薄名誉和随和亲切的人生态度，如何值得每个人参照与学习，并从中寻找出自己的进步空间。

今天，即便马云谢幕转身，他曾经在事业讲台上留下的那些名言金句，也始终将伴随着这家庞大企业的不断运转，对国家、社会乃至全世界，带来深远而细微的影响。对于一位以"百年树人"为己任的教育者而言，这又何尝不是人生最大的快乐？

目 录

第一章 创业,少年英雄气概

弱小童年,侠义梦想 / 003

优秀青年,勇于放弃 / 009　　世纪之交,初遇互联网 / 015

出击,带上"黄页"去北京 / 022

保持独立,迎接新世纪 / 027

第二章 30岁的梦想,万一实现了呢?

重回杭州,做1%的追求者 / 035　　梦寄"阿里",心系寰球 / 039

湖滨创业,联接"十八罗汉" / 043　　追求做好,而非做大 / 048

蔡崇信加盟,融资第一步 / 055

第三章 铺路,让天下没有难做的生意

初见曙光,"省钱"做服务 / 063

疯狂扩张,清醒后明确使命 / 067　　冷静看战略,重拾初心 / 071

赢取口碑，B2B 模式崛起 / 076　　解决痛点，"诚信通"横空出世 / 081

第四章　不崇尚关系，而要崇尚能力

再见 MBA，用"草根"做大事 / 087　　花钱育人，阿里巴巴初建"大学" / 090
直销铁军，执行力换企业未来 / 094　　寒冬凛冽，却绝不做桌下交易 / 098
"跳湖"赌局，激情是熊熊火种 / 101

第五章　憧憬未来，勾勒 102 年愿景

超越赚钱，凸显愿景独立性 / 107　　"非典"风暴，与员工携手前行 / 111
不设指标，用愿景引领"淘宝" / 115
拒绝游戏，目标是成年互联网 / 119　　网商大会，蚂蚁能战胜大象 / 124

第六章　先进价值观，奠定创业基石

"整风"！为价值观营造打基础 / 133　　从"可信、亲切、简单"到"独孤九剑" / 137
"六脉神剑"，价值观也可以考核 / 142
打造阿里的"四项基本原则" / 147　　客户第一、员工第二、股东第三 / 152

第七章　积极融合，不放弃任何团队成员

绩效考核，杀掉"野狗"和"末位" / 159　　"迎娶"雅虎，用尊重消弭鸿沟 / 163
用心管理，提倡闻团队的"味道" / 168　　"政委"体系，不断改造和学习 / 172
"阿里味儿"，公开化的优势互补 / 175

第八章 工匠精神，成就伟业的灵魂

支付宝，"能做"和"该做" / 181　　高管轮训，并非"杯酒释兵权" / 185

选择王坚，"阿里云"诞生 / 189

在"淘宝商城"风暴中 / 194　　余额宝，向传统金融说不 / 198

第九章 文化年轻，企业就不会老

倒立看世界，一切皆有可能 / 205　　香港上市，笑脸更灿烂 / 209

换个眼光，新"合伙人"体系 / 212　　"诚信门"危机，文化必须纯净 / 215

退市只为进取，好企业要能造血 / 219

第十章 今天和明天很残酷，后天很美好

创造"双十一"，现在！立刻！马上！ / 225

"菜鸟"起飞，敬畏未来感恩昨天 / 229

事业部制，"小而美"迎接明天 / 233 生态平台整合，创造新价值 / 237

首倡"五新"，去想象和创造未来 / 240

第十一章 传播品牌，比传播商品更重要

纽约钟声，全球见证盛大时刻 / 247　　"月饼"风波，价值观基础不动摇 / 251

一场盛大年会,让全世界瞩目 / 255　　"玩"电影,更"玩"出新内涵 / 260
交棒张勇,传承从交替开始 / 263

第十二章　虽成巨富,更愿为导师

自许"老师",追求新企业家精神 / 269
为社会保管财富,不是为自己 / 273　　有了爱,再去拥有一切 / 277
追求人生的大平衡,而非一时一地 / 281　　让能力大于欲望,远见带来自在 / 286

附录

大事记 / 291
名言录 / 294

第一章

创业，少年英雄气概

浩如烟海的人类历史上，有那么一种人，他们虽曾平凡如众生，但终究因梦想而不同。当他们拿起生命之笔，在世界所提供的画布上勾勒未来的图卷时，从不被年龄束缚，从不被环境压制，更不拘于形式和内容。他们始终热爱并追随梦想，只愿朝向心中的目标执着奔跑，却并不顾虑能否实现。

这样的人理应被视为英雄，马云就是这样的人。

弱小童年，侠义梦想

马云出生于一个文艺家庭。

20世纪60年代，马来法是杭州摄影图片社的一名普通摄影师。他出生于1939年，虽然未来将以"马云的父亲"而吸引专业圈子以外的广泛关注，但此时的他，魂牵梦萦的是杭州评话的创作和演出。

文革结束后的1976年，马来法创作演出了短篇评话《周总理来到楼外楼》，荣获浙江省业余文艺创作节目会演创作奖和演出奖，就此一举成名。[1] 马来法也逐渐从业余评话演员，成长为业内资深专家。1981年，他在杭州云栖作为上海、浙江评弹界人士代表，受到了陈云的亲切接见。[2] 十余年后，马来法还担任浙江省曲艺家协会主席，并在退休之后依然奔走于田野乡村，从事非物质文化遗产曲艺类项目的保护工作。

马云的母亲崔文彩出生于1944年，她和丈夫有着对评弹艺术

---

[1] 陈建一主编.杭州评话研究[M].杭州：浙江摄影出版社，2009.06.
[2] 中共中央文献研究室第三编研部编.陈云与评弹界[M].北京：中央文献出版社，2012.08.

共同的热爱。1963年末,结婚不久的她离开了家乡杭州,加入了无锡县评弹团。日后,当年的同事回忆起来,对她的印象是"对待评弹艺术很热爱,学艺很用功,记性很好……性格温和内敛,与世无争,长得也很标致。虽然她的外貌和性格都和马云有所不同,不过母子之间眉宇间的那股英气则是一脉相承的。"[1]

父母对事业的专注和上进,通过家庭教育氛围,融入马云的精神气质基因中,并将在他的人生事业道路上展露无遗。但童年的马云,更多感受到的是评话故事中的英雄情结。他经常跟随父亲泡书场,沉浸在两肋插刀、快意恩仇的故事情节中。少年时,他又迷上了武侠小说,在金庸和古龙所打造的世界里流连忘返。这种英雄主义情结,使他从小就不畏惧艰难险阻,不甘于平庸寂寞,而是喜欢结交朋友、挑战强权,幻想着有朝一日能够成为他人眼中的非凡人物,登高振臂、追随者众,受到万千敬仰,书写一段传奇。

然而,马云此时距离英雄人物还很远:瘦弱身材,显得突兀的大脑袋,数学成绩经常不及格。再加上由于爷爷曾经做过保长,家庭成分差……这些缺点都让他成为人们眼中典型的"坏孩子"。马云因此变得好斗。从小学到中学,"打架王"马云全身上下缝过13针,却没掉过一滴眼泪。最终,他因为多次处分,被迫转学到杭州八中。

马云后来说:

"在我小时候,总希望有一个人站出来帮帮我的。但是没有,

---

[1] 江南晚报. 马云妈妈和无锡的评弹情缘[N]. 无锡:无锡日报报业集团,2017.9.21.

一个也没有，于是我希望自己变得强大。""我小时候觉得，当有些人需要我的时候我就出现，是一件特别伟大的事情。"

马云坚持认为，当时自己确实经常打架，但绝不是爱打架，而是为了保护自己和别人。后来，马云敢于创建阿里巴巴挑战传统经济模式、敢于对抗世界第一电商易趣、敢于直面雅虎竞争合作、敢于应对腾讯的"突然袭击"……其行动模式的根源，无疑与此时崇尚英雄主义的性格特征养成有着充分联系。在他看来，互联网商业模式自带"侠气"，理应取代传统落后的商业模式；与易趣及雅虎的对抗，宛如中国人踢碎了互联网商业领域中"东亚病夫"的侮辱牌匾；而与腾讯的激烈竞争，则不亚于是光明顶上两大高手的对决，充满了史诗意味。

杭州八中的一节课，让马云在"英雄梦"之上，凭空又生成了"英语梦"。有一天，快下课时，地理老师说，前几天在西湖旁边，几个外国友人询问她景点位置。她英语很好，对答如流，很快就解决了问题。对此，老师总结说，你们要学好英语，不然将来碰到这样的事情，肯定会给中国人丢脸。

对马云而言，这几句话犹如在稚嫩的心田中刻下梦想的路标。和其他男生一样，他也喜欢这位年轻的女老师，现在听说学英语可以为国争光、为己争光，心中的热血顿时沸腾了。这种强烈的、发自肺腑的荣誉感与责任感，成为他敢于第一个"吃螃蟹"、敢于质疑"为什么互联网上没有中国企业"、敢于凝聚众多追随者力量的精神内核。

那天放学回家后，13岁的马云用六毛钱买了个收音机，开始每天听英文广播，努力自学。不久后，一个瘦小的男孩子，会在每个周六的早晨，准时出现在西湖畔，用浅显但流利的英语，热情地同外国友人打招呼、聊天和提供帮助。这个叫马云的男孩子自信大方，总是带着微笑主动交流，合影时也毫不怯场。老外们因此对他喜爱有加，甚至不少人以为他是归国华侨后代。马云就此结识了许多外国朋友，其中就包括澳大利亚忘年交 Ken。

1980 年 7 月，Ken 一家五口人参加了澳中友好协会组织的中国之行，第一站就来到了杭州。这天晚上，Ken 的儿子 David 在西湖畔的公园里玩火柴，马云走了过来和他打招呼，表示想要锻炼自己新学的口语。David 略感惊异而又高兴地回应了他。两个孩子互相做了自我介绍，并在分别时约定再次到这里碰面的时间。就这样，马云很快认识了 Ken，开始书写一段堪称传奇的跨国友谊故事。[1]

Ken 只是马云认识的众多外国人中的一个。这段少年时光中，马云不仅英语口语突飞猛进，社交意识与能力也大为提升。他发现，只要敢于开口和别人交朋友，就能获得更多的人脉资源，拥有更多的真情实意，而这些都能用以提高自己的能力。相反，故步自封、孤芳自赏，只会让一个人越来越封闭。这样的体验尤为珍贵，让他后来在商业、公众和社会领域无不游刃有余、交际广泛。

这家人回国之后，马云和 David 成为笔友，双方通信一直保持到马云上大学，马云从通信中打开了窥探国外的窗口，而 Ken 由此见证了马云前后三次的高考经历——准确地说，他见证了马云从失败中不断爬起来的执着态度。

1982 年，马云第一次参加高考，数学只得了 1 分。马云垂头丧气，决定先找份工作。他为杂志社蹬三轮送书，他每次都灵活

---

[1] 陈伟著. 这才是马云 [M]. 杭州：浙江人民出版社，2011.05.

地从三轮车上跳下来，帮人家把书刊按25一包的规格扎起来，踩10公里路运到火车站，再发送到全国各地。

一次偶然的机会，马云来到了浙江舞蹈家协会，为协会办公室抄写文件。在这里，他第一次读到了著名作家路遥的代表作《人生》，这部小说中农村知青高加林艰难曲折的奋斗之旅，给马云带来冲击与震撼。正如他后来所说：

"路遥对我的影响最大。是《人生》改变了我的人生！"

马云意识到，自己曾经崇拜的武侠英雄，和高加林虽然处于不同时代，但有着相同的英雄气概，那就是敢于面对自己的缺点与劣势，主动接受环境残酷的磨炼，最终从平凡走向不凡。后来，当中国黄页和阿里巴巴创立之初，在强大竞争对手面前很难谈得上有多少优势，但正是这种敢于绝地求生的精神，支持马云一次次面对困境，带领团队从弱小走向强大。

1983年，马云第二次参加高考。这一次，马云的数学成绩有所进步，考了19分，但总成绩距离录取线达140分。马云依然决定复读，他选择白天上班、晚上补习。那时，正值日剧《排球女将》在中国热播，马云以女主角小鹿纯子的热血拼搏精神，激励自己日复一日的苦读。后来，他如此总结这部日剧对他的影响：

"在我们刚踏入社会时，她告诉了我们什么叫克服困难，什么叫作坚持，什么叫作勇往直前。就像金庸小说一样让我懂得，你要历经磨难才会成为一代高手……"

小鹿纯子这个形象，成为马云青少年时代追随的众多英雄形象之一，让他不仅学到了男性英雄角色的果敢侠气，也吸取了女性英雄角色的顽强坚韧。而这些，恰恰是未来互联网创业者所不可缺少的精神特质。

尽管如此，马云的数学成绩依然不见起色。1984年高考前三天，补习班的余老师直白地说道："马云，你的数学一塌糊涂，你如果能考及格，我把余字倒过来写。"

马云没有时间去理会这句话，他此时已经学会了对打击讽刺的话语充耳不闻，坚持用自己的方法去努力，正如他成名之后，也很少理会负面的新闻评论。成绩公布后，所有人都被马云自创的"文科解题法"震惊了：他的数学成绩居然达到79分！即便如此，他的高考成绩依然只达到专科分数，距离本科线还差5分。

就像武侠小说那样，眼看希望又一次擦肩而过时，英雄主角闪光的时刻到来了。马云被未能招满的杭州师范学院外语学院看中，以专科分数，误打误撞进了本科专业。开学那一天，马云昂首挺胸走进校门，他终于依靠执着的信念，坚持到第一回合的胜利。

优秀青年,勇于放弃

如果真有命运之神,她一定会格外垂青不甘平庸的人,并在恰当的时机赠予礼物。这会激励他们为了更多的可能性,而勇敢放弃眼前的平庸安稳。

20岁这年,马云拿到了属于他的奖励。

外语系新生的第一节英语口语课,马云一开口就震惊了全班。教师在诧异之余,不得不打断他,好让其他同学也有发言机会。下课后,同学们聚拢在他的周围:"马云,你是怎么练习口语的?""马云,你认识老外吗?""马云,带我们去找老外练习口语吧!"……[1]马云没有马上答应同学们,而是在当天晚上请教了一位杂志社主编。主编用毛主席发动安源煤矿工人建立党小组的故事鼓励了他。

第二天,马云来到班级,向同学们提出三个要求:第一,想

---

[1]张从忠.马云的领导养成之路[J].冶金企业文化,2015,(第4期).

找老外练口语，不能睡懒觉，周六周日早晨五点，就要在香格里拉大酒店门口集合，不准迟到；第二，所有同学必须服从我统一安排，三人一组给老外当杭州导游，服务要讲诚信，说到做到；第三，给外国人当导游，能拿到小费，但其中大部分要充公作班费，花在集体活动上。

事关金钱，所有人都睁大了眼睛。

第二天，参加活动的同学不仅获得了口语水平的提升，还获得了不错的经济回报。虽然马云没有得到任何额外收益，但他听到同学们由衷的赞美，看到同学们开心的欢笑，体验到甜蜜而满足的成功感。

这是马云人生第一次组织集体活动。从小到大，马云总是希望能够成为英雄。此时，他终于意识到，一个人是否会有所作为，关键在于他能否勇敢走出小我的圈子，去帮助别人获得成长。如果一个人能做到这点，他就不再平庸，从而成为了不起的人。这，既是历史上所有英雄人物的共性特征，也成为马云对自我角色的期许。未来，无论个人境遇如何，他都始终带领创业团队打拼，不愿在看似富足安稳的生活中甘于平凡，其内心强大的精神动力源泉，无疑就萌生在这些看似普通的学生活动中。

大二时，马云负责组织了"十佳歌手大奖赛"，他出色的沟通协调能力在活动策划组织的过程中得以表现，整场活动精彩纷呈，吸引了全校师生，也换来了他们对马云的全力支持，马云由此成为新一届的学校学生会主席。随后的工作中，马云更是崭露头角，令所有人印象深刻。他早已不是"坏学生"，同样不甘心默默无闻地死读书，然后走上用高分换取漂亮简历、稳定工作的人生道路。相反，他享受担任学生领袖的每一天。

学生会主席虽然名义上是"主席",但没有行政权力,也谈不上资源掌控。很多时候,只能依靠沟通和平衡来确保活动的成功,为此甚至需要软磨硬泡,需要委曲求全。这恰恰发挥了马云不惧挫折、不怕丢脸、善于接触别人、公平公正之心的性格特点。正如马云此后所说:

"父亲曾说,我最大缺点是话多,而且固执,做事咬住不放;最大优点是喜欢主动帮助别人,一旦答应了别人就会努力做到,因此我善于交朋友。"

这个特殊的岗位经历,让马云打破了父亲对其"缺点"的定义,"话多"成就了他的沟通能力,"固执"变成了锲而不舍的专注态度。他由此意识到,任何人都会有缺点,但只有不愿平庸、主动挑战,才能为人生创造机会,不知不觉将缺点磨砺成为优势。

学生会主席的角色又有其微妙之处。因为高校的学生会都不能只代表单边的诉求,更多时候需要扮演平衡校内多方的角色。马云工作能力强,既在学生们之中享有很高的威望,又是学校领导和教师眼中的得力助手,他组织的任何活动都既吸引年轻人,又让管理层感到满意。联想到他此后在每一次创业经历中,既敢于大胆创新、颠覆陈旧,又始终合规合法、遵循底线,这种巧妙平衡商业与社会效应的能力,多半发轫于此时的工作环境中。实际上,对利益平衡的追求,更多来自于学生会主席所独有的责任意识:既要对学生"用户"们有所保障,也要为学校管理层有所担待。正如他后来在演讲中说:

"做这家公司,有一种强烈的感觉告诉我自己,你可以用各种各样创新的手法,但是不能用各种各样流氓的手法做事情,这是不能容忍的事情。否则有一天学生会问,你马云当年打天下,是用了流氓的招数。"[1]

大三时，小有名气的马云进一步成为杭州市学联主席，这让他的社交圈变得更大了。整个杭州高校圈，无论他走到哪里，都会看见亲切熟悉的笑容、遇到坚定有力的臂膀。这些有过一面之交的同学，只要向他开口求助，马云的第一反应必然是："好！""支持！""帮忙！"他从中迅速领悟到组织管理的真谛：不能用拳头教训人，也不是单纯用利益吸引人，而在于用舌头鼓动人、用制度约束人、用魅力感染人、用团队影响人。

大学提升了马云的追求，旅行则使他向往更大的世界。

考上杭州师范学院后，马云继续和Ken一家保持着书信联系。1985年，马云读大一，21岁。Ken突然在信中邀请他去澳大利亚旅行。在那个年代，普通人出国是难以想象的，但Ken鼓励他说："试试看，说不定你就能拿到护照。"

马云决定尝试一下，半年之后，他才拿到护照，还面临着去大使馆拿签证这一关。对于此时的马云来说，去一趟北京的费用是昂贵的，但为了看看外面的世界，他踏上了去往北京的火车。

在首都，马云住在地下室里整整一周，身上的钱越来越少，换来的却是七次申请签证的失败。第八次，马云渴盼地告诉面试官，是朋友邀请他去旅游，但面试官却不为所动。马云于是开始和面试官讲述他如何遇到的Ken一家，同时，Ken也找到朋友，向澳大利亚驻华大使馆发了电报。最终，幸运的马云拿到了签证。

这趟出国旅程前后共29天，马云在澳大利亚彻底开阔了眼界。

---

[1] 严章编著.创业教父的创业思维 马云北大演讲[M].北京：中国铁道出版社，2015.06.

在 Ken 父子的引领下，他参观了澳大利亚悉尼歌剧院、塔龙加动物园、纽卡斯尔大学，还在当地的一家太极拳爱好者团体面前表演了猴拳和醉拳。

马云并没有将这次出国当成简单的假期旅游，而是细心观察两个国家从外而内展现出的差距。他很快发现，书本上所学过的、父母所说过的，并不总是完全真实和全面的。这个世界有太多可能性，需要每个人用心体验和思考。心甘情愿躺在安乐窝中的人，不愿意睁开眼看看外面的人，永远没有资格去发现更好的机会，领略更美的风景，更不可能成就为国为民的大业。相反，主动找到差距，才会意识到现状的不足，才能油然升腾起强烈的进取意识和拼搏动力。

马云于 1988 年毕业，凭借优异的成绩和履历，他进入杭州电子工业学院成为英语教师，是当年全校毕业生中唯一进入高校任教的。即便学历最不起眼，但马云并不自卑，而是努力钻研教学教法，很快赢得学生们的喜爱。同时，他也不满足于微薄的工资收入和狭窄的人际圈子，于是在杭州一家夜校兼职教英语。这段时间内，马云有了人生的第一批"死忠"追随者，后来跟随他创立阿里巴巴的十八元老中，有好几个都是他当年的学生。

马云的上进是多方向的，眼光远不止在教学领域，而是始终想要探索新的事业方向。这种多元化发展的进取姿态，表现为他永远不承认自己只能做好一件事，而是敢于根据市场需求，挑战未知的可能。未来，这种姿态也将表现在他对互联网商业模式的探索和建设上，书写一系列商业传奇。

1992 年，他认定翻译业务必然有广阔市场，便说服几个伙伴创建了"海博翻译社"。可是，第一个月就亏损了一大半，马云竟然一个人背起麻袋去了义乌，靠倒腾小商品来弥补翻译社的损失。三年后，这家翻译社开始全面盈利。直到今天，"海博翻译社"依然是杭州最专业的翻译机构之一。

海博翻译社，是马云初出茅庐的创业试水。总结这段经历时，马云说：

"经营翻译社的过程，让我明白成功者至少需要兼备两种品质：一是大胆执着的性格，二是对市场的敏锐嗅觉。"

马云收获的不只是金钱，更有极为重要的成功经验：想要打破平凡，就要有过人的勇气和超强的毅力。在别人犹豫时，你能够一头扎进新的领域，而非犹豫不前；在困难重重时，你能够放下面子，想方设法生存下去，而不是束手待毙。当然，这一切的前提，在于能够拥有敏锐眼光，发现别人没有发现的市场需求，并坚定地去开发产品，满足需求。

凭借校内外优异的表现，1995 年，马云被评为学校十大杰出青年教师。校领导对他器重有加，许诺要让他来做学校外事办主任。他娶到了美丽贤惠的学妹张英，生下儿子马元坤，买下了一套还算比较大的房子，此时，许多同年龄的高校教师，还蜗居在狭小宿舍里。

马云对此并不满足，面对有限的平凡和无限的优秀，马云毫不犹豫地选择了追求后者。很快，他退出了海博翻译社的经营，辞去英语夜校教师工作，还办理了从学校辞职的手续。他做足准备，站上新的起点，朝梦想起航。

世纪之交,初遇互联网

2013年,在深圳举办的IT领袖峰会上,马云如是说:

"那些关于梦想的名言,即便你倒背如流,又能怎么样?梦想,一定要落地才能行的!"

对于创业者而言,梦想如何开始,不在于未来的蓝图何时能清晰,而在于你是否能抓住生活给予的每个瞬间,是否能相信自己找到了迈向成功的契机,哪怕你暂时无法看那究竟是什么。

1995年,马云因公来到西雅图,在这里,他的脑海中浮现出"INTERNET"这个词。

"INTERNET"这个词,是马云不久之前,从杭州电子工业学院的澳大利亚外教比尔·阿霍那里听来的。当马云身处当时美国互联网技术的发源地之一,这个词却鬼使神差地闪到他的眼前。其实,虽然事有凑巧,但也离不开马云日常生活中的积累。如果当初马云因为"INTERNET"的陌生费解,就将之付诸脑后,不仅很难有之后的阿里巴巴,就连是否有最初的"中国黄页"也未可知。任何人想要追求杰出，就必须始终像他那样，对任何未知的信息保持应有的好奇心，将之内化到自自我知识结构中。即便一时半会无法完全理解，但迟早能打开命运的神奇之门。

比尔·阿霍的女婿叫 Sam，在西雅图有一家互联网公司。马云找到地方，看见的却是一间比海博翻译社都要小的公司，总共只有五个人、数台电脑。面对着闪烁的屏幕、劈啪作响的键盘，听着 Sam 的介绍，马云失去了在讲台上的自信和勇气。后来，他对西班牙《国家报》记者说：

"我甚至害怕触摸电脑的按键。我当时想，谁知道这玩意儿多少钱呢！我要是把它弄坏了就赔了。"[1]

但马云的过人之处，在于能够凭借自信，瞬间克服对未知的恐惧。人性总是会不同程度地对陌生事物产生恐惧，但勇敢者却能在最短时间战胜这种天性，果断了解其背后的原理，而越是了解，就越是会自信，也就越容易发现未知中蕴藏的机会。

马云鼓起勇气，在搜索框中输入了"Beer"（啤酒）的字样，并在 Sam 的指引下按动了回车键。路由器滴滴作响，屏幕上的页面刷新之后，显示出一长串搜索结果，有美国啤酒、日本啤酒、德国啤酒，但没有中国啤酒。这让马云多少感到有些不自在，于是他又输入了"China"（中国）。结果，屏幕上只显示出两个英文单词："No Data"（无数据）。

即便未来坐拥全世界最大的电商帝国，马云回忆起当时情景，懊恼之情依然溢于言表：

"我当时觉得，既惊讶又失望，在这个神奇的世界里，居然

---

[1] 廖灿主著. 创意中国 [M]. 北京：中国经济出版社，2008.01.

找不到中国！这太不可思议了！"[1]

马云不懂计算机，并不了解中国在1994年才成为全世界第77个接入互联网的国家，国内民用互联网业务还没有放开。全中国芸芸十几亿人，只有数百个人真正接触过互联网。然而，他对整个国家和民族有着高度的自信与热爱，这也是每个成功创业者所必须具备的素质。正是这种质朴的爱国情怀，成就了他敢于进入陌生领域的持久动力。面对陌生而精彩的互联网，马云的英雄情怀点燃了激情，让他认定自己的经历不是偶然，而是注定肩负起历史的使命，让拥有全球四分之一人口的东方大国在互联网世界上迈出商业化的步伐。

实际上，创业者对未知领域的深入探索，不可能仅仅因为利润的诱惑，更多需要超出常人的自我责任意识。如果马云想要赚钱，他大可以立刻转身回国，回到熟悉的外语教学和翻译领域去不断积累，最终也能成为俞敏洪、李阳那样事业有成的人物。但马云却选择接受责任，主动代表中国人站到时代的制高点，聆听新经济的岩浆在地表的奔涌，追随人类科技发展不断堆叠的浪潮。正是从这份充满民族自豪感的情怀中，他汲取了源源不断的勇气，敢于攀登命运承诺的王座。今天的创业者，想要在陌生领域成功，同样离不开对更多人命运的关注，离不开对整个国家与社会发展趋势的强烈信心。唯有如此，他们才能在黑暗中，依旧看清前方的道路。

时不我待，马云回到杭州的家里，立即四处打电话，邀请朋友、同事和学生。

---

[1] 刘世英，彭征著.世界第一 马云和阿里帝国[M].海口：南方出版社，2014.11.

聚会当天,马云家挤了24个人,马云披着一条毯子,缩在沙发里显得更加瘦小。他宣讲着自己触网的体验,也不管别人是否听得懂。之后,马云不断邀人去他家里,听他演示和讲解INTERNET。当然,绝大多数人都听不懂马云的设想,只是抱着给马云面子的想法而来。

不久后,马云终于把话题延伸到创业计划上。他问大家有什么想法,人们沉默了,谁也想不出答案。过了半晌,有人向马云提出几个问题,都是关于具体创业步骤的,马云也答不上来,说自己并没有想好。屋子里传出一阵叹息声,在场的24个人中有23个人劝马云别鼓捣这个谁都不明白的东西,哪怕是去开饭店、办夜校,也比这靠谱。

马云非但没有灰心,却显得比开始更加兴奋。这种反差,或许能够用他后来在阿里巴巴第一次员工大会上的那段话来诠释:

"1995年我做出的决定,我对自己将可能改变了自己一辈子所从事的事业……在大家都觉得是一个机会的时候,我们不去凑热闹。而越是在大家都还没有开始准备,甚至避之不及的时候,往往正潜伏着最大的机会。……大部分人看好的东西,你就不要去搞了,已经轮不到你了!"[1]

在另一个场合,马云表达了同样的看法:

"看得清的模式不一定是最好的模式,看不出你怎么赚钱的模式说不定最好。"[2]

在普通人看来,创业模式看不清,就不能轻易尝试。但在马

---

[1] 李子楠著. 马云:我可以没有对手[M]. 上海:文汇出版社, 2014.07.
[2] 蒋云清著. 马云谈商录[M]. 北京:京华出版社, 2011.09.

云看来，正因为模式不清晰但方向正确，自己才会是第一个拿到红利的幸运儿。既然选择创业，就必然要经历从无到有，从陌生到熟悉的过程，创业者不能执着于获得其他人的肯定，也不能执着于设计细节，而是要确认自己所抓住的发展大趋势，哪怕周围充满非议，也要学会将之屏蔽，这样才能抢占先发位置、获得充分优势。

实际上，即便再完美的创业计划，在实际创业中也总是会充满变数，不可能通过纸面推演就获得成功。马云因此并不十分推崇计划的重要性，而是强调在大方向指引下的自我灵活应变。他直言不讳：

"计划写得再漂亮，遇到环境变动便失去意义，有没有实时应变的能力才是重点。计划写得再好再仔细，商场情势却未必如你所想。"[1]

1995年4月，马云花了很少的钱，注册了"Chinapage"（中国黄页）的网址，然后迅速辞去了包括大学教师在内的所有工作。他拿出自家积蓄的六七千元钱，又找人借了一些钱，总共凑了两万元启动资金，在杭州文二路的金地大厦里租了一间房，注册成立了杭州海博电脑服务有限公司，员工只有三个人：马云、马云的妻子张英、何一兵。何一兵是杭州电子工业学院的计算机教师，也是24个人中唯一支持马云创业方向的人。

万事俱备，公司正式开始运转。马云凭借自己多年积累的信用，通过朋友找来第一批客户，最初登录中国黄页的是杭州望湖宾馆，然后是钱江律师事务所、杭州第二电机厂……

---

[1] 2013年12月10日，在韩国首尔大学的演讲．

公司的服务流程是由马云将客户资料翻译成英文，用快件寄到美国，由美国人将信息登入"中国黄页"网站的专属网页中。一段3000字的文字介绍、一张彩色照片，收费标准是2万元，其中有1.2万元是付给美国公司的钱。

此时，距离中国电信开通互联网业务还有4个月。客户很难会为这个不能直观看到的"网页"付钱。于是，马云让美国人寄来网页的实际图片，再将美国的电话告诉客户，建议其找懂英语的人打电话过去确认。经过这么一番折腾，客户才会半信半疑地同意付款。

幸运的是，"看不清"的状态没有维持太久。1995年7月，上海第一个在中国大陆开通了互联网专线，虽然只有44K速度，但马云却激动不已。这意味着他终于可以在杭州上网给客户看了！他找来一台486电脑，从杭州拨长途电话到上海连接互联网，再将望湖宾馆的照片和资料从美国下载而来。整整三个半小时后，望湖宾馆的照片终于出现了，焦躁不安的马云在特地请来的杭州电视台记者面前欣喜若狂、热泪盈眶。

马云的过人之处正在于此，作为创业者，他拥有最早冲入互联网的自信，但他不能指望客户拥有同样的信心。当时机来临，创业者必然要动用一切可能的手段，对客户进行广泛而精准的教育引导，帮助他们树立起跟随趋势的信心。因此，马云才会在第一时间动用技术和媒体资源，让互联网商业模式在客户眼中变得清晰起来。这也足以启发后来者，创业时可以凭借果断，但创业后，必须要让事实来说服别人，让你的商业模式在他们眼前清晰展现。这样，你的自信才不会变得盲目，而是变成空中猎猎飘扬的大旗。

随着名气的增大，公司有了收入，中国黄页开始在各大城市开拓业务。在所有城市,他们都曾被视为骗子,但马云毫无退缩,出门就会和遇到的每个人侃互联网,宛如狂热的宗教信徒。中国黄页由此突破困难不断地壮大起来,这恰恰印证了后来马云在《赢在中国》节目点评创业时说出的名言:

"其实,最好最成功的往往是最简单的,要把最简单的东西做好也不容易。"

1997年年底,中国黄页的营业额达到了700万元,马云用事实证明了互联网将成为未来商业的大趋势。

出击,带上"黄页"去北京

1995年,中国黄页有了不错的盈利,实现了自主网页设计和开发,摆脱了美国合作伙伴。海博公司还为浙江省政府做了一个"金格工程",引起了不小轰动,连美国参议院都专门发来贺电,祝贺中国的省政府有了上网项目。

员工们觉得形势一片大好,但马云却心急如焚,他急的并不是赚钱,而是竞争力。

2008年时,他这样说道:

"要在别人低落的时候看到美好的东西,在人们骄傲的时候你要看到灾难的到来……每个人的视野、视角要看得更宽、更远、更深、更独特,然后你才能抓住这个机会。""我们还以为自己很牛,在自己的办公室、在自己的同事、员工和家人面前,觉得自己很厉害,但是再走远一点看看呢,在世界上你微不足道。"[1]

---

[1] 2008年3月28日,在湖畔学院的讲话.

1995年是全人类的互联网元年。这一年8月19日,美国网景公司上市,这家公司成立16个月时没有获得任何利润,但上市时市值已达到71亿美元,年底突破了200亿美元。与此同时,从硅谷而来的"盗火者"们,陆续将互联网技术在中国商业中应用实践,他们中包括赴美留学归来的张朝阳(搜狐创始人)、万平国(中网通讯创始人)、田溯宁(亚信公司创始人),也有利用出差或旅行接触到互联网的张树新(瀛海威创始人)、曾强(创办中国第一家网络咖啡屋)、吕瑞峰等(Chinaonline创始人)。

这些人大多是马云的同龄人,具有和马云相接近的敏锐感知能力,领悟到互联网商业大潮即将到来的秘密。此时,他们以中关村为圆心,各自全力备战,无暇主动出击。用马云的话说:"那时候我们打不死他们,他们也打不死我们。"

但马云不一样,敌不动,我动。

即便与北京没有直接的业务来往,但马云已经敏锐地感觉到,北京将会是中国互联网商业第一个核心城市。这年10月,他带着何一兵去往北京。

创业的道路永远没有一帆风顺,总是充满崎岖坎坷。即便躲过了最初的风雨,迎来顺利成长阶段,创业者也需要意识到更大范围内的竞争将越发激烈。此时,他们最应避免的就是骄傲情绪,不能由于眼前些许成就而志得意满,更不能将金钱和时间浪费在"享受成功"上。如果选择了这条道路,他们就会失去成长的机会,被甩在时代的身后,等清醒过来之后,已经无力追赶。

马云之所以会在未来成为世界电商第一人,就是因为他始终具备强烈的危机意识。他敏锐地感到,虽然自己出发早一些,但面对强大的竞争对手,中国黄页并没有必然的胜算。与其等到北京的对手成长起来碾轧自己，不如乘对手最忙碌的时候，去侵入他们的阵地，探询他们究竟在做什么。

马云的这种侵略性的创业打法，后来也被运用在阿里巴巴、淘宝、支付宝、余额宝等一系列项目上。面对强势的易趣，淘宝虽然不被看好，但依然主动出击，取得完胜；面对无人敢于对抗的银行和基金大佬，支付宝、余额宝乘虚而入，打得对手毫无防备……不能不说，和他早年对北京的"突然袭击"的经验有密切关系。

马云首先去拜会了瀛海威创始人张树新。张树新与马云几乎同时涉足互联网商业，有着另一版本的传奇故事。她在那时还相当荒芜的中关村地块竖起一块牌子："信息高速公路离中国到底有多远？——向北1500米。"见者无不为之侧目。

瀛海威是国内第一家大型中文网站，既为普通民众提供互联网接入服务，又为他们提供新闻浏览、收发邮件、论坛交友聊天等全新的服务体验。在中国的互联网历史上，这是一家扮演着拓荒先驱角色的企业。马云抱着学习的态度，与张树新交谈了半个多小时。出门之后，他对何一兵说道："如果互联网有人死的话，那么张树新一定比我死得更早。"

马云随后解释说：第一，张树新的观念，连他都听不懂；第二，张树新的理论，比马云的还要先进。马云的中国黄页是为企业服务，而张树新希望直接用网络为老百姓服务。即便站在马云的角度看，这个想法也太超越时代了。随后，中国互联网的演化历史印证了马云的预言。

探营瀛海威后，马云开始向媒体出击。

世界著名的营销大师菲利普·科特勒曾说过："真正的广告

不在于制作一则广告,而在于让媒体讨论你的品牌而达成广告。"20世纪90年代中期,商业广告已经深入到中国人的日常生活,已经有不少消费者开始反感乃至远离广告,但相反的是,对于有新闻价值的事件,人们却非常关注。

因此,马云清楚地了解主动出击重点是新闻媒体。在中国,相比刚刚诞生的互联网、到处可见的商业广告,传统的官方媒体有着更为强大的话语权,能够引领全民的思想方向。媒体本身就是最好的广告载体,马云怎么会不加重视?

后来,马云始终能积极利用媒体力量。从《商业周刊》专访,到登上《福布斯》封面,再到央视"年度经济人物",更不用说2006年,他受邀成为CCTV经济频道《赢在中国》的评委,在节目中,他充满睿智而直击要害的点评,吸引了无数电视观众的折服和喜爱,无形中为个人与企业品牌大大加分。

十几年后,他依然在演讲中表示:

"传播思想、传播事实、传播观点,要比传播商品更为重要,否则这个社会就乱套了。"[1]

身为互联网大佬,他反过来鼓励传统媒体:

"今天的技术环境下,没有一个行业是不困难的,但是正是越困难的时候,中国越有可能诞生我们自己的华尔街日报,自己的彭博,在世界上发出自己的声音。"[2]

1995年12月,马云再次来到北京,通过某家媒体的一位司机牵线介绍,一篇宣传中国黄页的文章发表在《中国贸易报》头版。

---

[1] 2017年12月4日,参加新华社"网络传播与社会责任"论坛的演讲.
[2] 2019年5月10日,参加浙江日报70周年社庆座谈会的演讲.

马云当天就去感谢了报纸的总编,虽然总编对互联网同样一窍不通,但他选择相信马云。在他的主持下,马云面向30多位北京媒体人进行了演讲。这次演讲异常成功,但由于政策原因,马云和他的中国黄页虽然叫好但不叫座。

又一次失败,让马云感到"北漂"的不易,但他继续在京城苦苦追寻。1996年初,他通过朋友引荐,与人民日报社建立联系,并在社里做了两次演讲。演讲的内容打动了人民日报社总编辑,他主动打报告申请《人民日报》上网。报告很快就被批准了,但马云后来并没有承接到这个项目。

这次的主动出击,终究又变成功亏一篑。

马云持续不断的努力还是有收获的。在一次次主动出击中,他认识了中央电视台《东方时空》栏目编辑樊馨蔓。樊馨蔓是杭州人,她虽然不了解马云在做什么,但却被他孜孜以求的精神所感动,双方合作拍摄了名为《书生马云》的专题短片,记录下马云在京的创业经历。这部短片的最后一幕,是马云坐在北京的公交车上,望着车窗外的街灯,仿佛望着不远的未来。他的语气虽然并不张扬,但饱含创业者的激情:"再过几年,北京就不会这么对我,再过几年,你们都得知道我是干什么的,我在北京也不会这么落魄!"

保持独立,迎接新世纪

早在 20 世纪初,奥地利经济学家约瑟夫·熊彼得提出,企业家并不是商人,个人致富充其量只是他的部分动机,而最突出的动机是"个人实现",即"企业家精神",其实质在于革新、创造和独立。

实现企业家精神,总是需要付出代价。

1997 年,互联网经济的星星之火在中国大地上逐步播撒。马云原本的领先距离,被竞争对手凭借后发优势迅速拉近。此时,杭州电信发现了蕴藏在互联网黄页中的机会,专门注册了与 www.chinapages.com(中国黄页)非常类似的网站域名 www.chinesepages.com,并采用了相近的商业模式进行运作。

从注册资本上看,3 亿元注册资本的杭州电信,与 2 万元注册资本的中国黄页,根本不是一个数量级的对手。不仅如此,作为国企,杭州电信拥有强大的政府和公共资源,马云却还时不时被当成"骗子"。即便如此,马云却回忆说:

"大象不一定能踩死蚂蚁,只要蚂蚁躲得好。虽然对手很强大,但他未必能赢你。那时候我们跟国企竞争,做得很不容易,但我们很顽强,没有被他们弄死。当然,我们也弄不死他们。最后双方坐下来谈判,他们把我们收编了。"[1]

马云之所以选择"收编",是因为他希望拿到电信140万元的投资,让中国黄页活下来,继续走革新之路。

正因如此,他后来批评了许多创业者的冒险倾向:

"以前常说'风来了,猪都会飞'。我那时候就讲,风过去了,摔死的都是猪。那一天就要想到这一天会来的。""啥都没有,还觉得赚得少的时候,你就知道我们进入了跨度时期,你就应该为此做准备……我们很少有企业越做越大、越做越好,因为我们永远相信赌博,永远相信 all in。"[2]

在这次合作中,杭州电信投入资金140万元,占股份比例为70%。中国黄页将资产折合为60万元人民币,占30%。从数字来看,中国黄页成立不到一年,资产翻了30倍,马云夫妇挣了几十万的利润,是成功的创业典范。

但不久后,马云就发现这次创业是彻底失败了,他为"革新"梦想所付出的代价,就是"独立"。

杭州电信看好互联网黄页业务,但急于获得利润,马云却坚信互联网公司的发展犹如养育子女,没有父母相信三岁小孩就能挣到钱。双方的意见分歧越来越大,作为大股东,电信在董事会里有5票,而马云方只有2票,完全没有公司发展方向上的话语权。

---

[1] 阿里巴巴集团编. 马云内部讲话 相信明天,马云首讲奋斗之道 [M]. 北京: 红旗出版社, 2015.04.

[2] 2018年12月1日, 在浙商总会的讲话.

这次失败，在马云意料之外，但在经济规律之中。许多创业者对融资有着迫切需求，但忽略了对企业的控制权。结果，贸然引入资本的结果，就是失去了决定企业发展方向的自由。从中国黄页的挫折中，创业者能够看到血淋淋的教训：融资合作，不能急于求成，前期必须和投资者谈判好股权结构和控制权归属问题，否则一旦成为定局，即便是马云也无力回天。

吃一堑长一智，2005年，当雅虎投资阿里巴巴时，马云就通过股票权和投票权分离、董事会席位倾斜以及五年内不得解除马云CEO职务等谈判条款，确保了带领企业继续前进的权力。

然而，马云此时却无计可施，他只能退出。团队里有人抱怨，有人痛哭，大家都不甘心辛苦两年之后换来这样的结果。马云同样委屈不甘，但他拒绝让所有人一块辞职："不行，你们走了，中国黄页怎么办？"并不在乎金钱的马云，将手中所拥有的所有公司股份，全部送给了一起创业的员工，然后选择了北上。此时正是1997年，他33岁。

这次失败，让马云刻骨铭心。他原本以为投资者会让自己"活"得更好，何曾想到资本的到来也很可能吞噬创业者的梦想力量。后来，在不同的环境下，他都表达过类似的意思：

"创业者永远不要被资本控制，我永远不会投资一个没有理想的团队。要尊重投资者，倾听投资者，但最后的决定一定要自己做。"[1]

马云的下一站是北京，他带着初次创业的骨干力量张英、孙

---

[1]阿里巴巴集团编.马云内部讲话 相信明天，马云首讲奋斗之道［M］.北京：红旗出版社,2015.04.

彤宇、吴泳铭、盛一飞、麻长炜、楼文胜、谢世煌、彭蕾、韩敏、蒋芳、戴珊和周悦红等人，加盟中国外经贸部新成立的公司——中国国际电子商务中心（EDI）。马云占30%股份，并出任该中心信息部总经理。

这个团队工作的地点，位于北京东长安街2号的外经贸部内。这里只有三幢灰白外墙的联排楼宇，大门外灰色砖墙上悬挂着白底黑字的"中华人民共和国对外贸易经济合作部"牌匾，两侧挺立着笔直军姿的卫兵。每天清晨，马云的团队从位于潘家园的三间外经贸部集体宿舍里动身，在公交车的颠簸中来到这儿，工作到深夜，再在车窗外昏黄灯光的映射下颠回宿舍。

在这里，马云负责为EDI建立网站。因为有了中国黄页的创业积累，网站很快做好了，框架和内容都很成功，但由于运营体制的问题，实际效果却乏善可陈。1998年7月，外经贸部批准EDI进一步成立合资的国富通信息技术发展有限公司，总经理由马云出任。

拥有稍微独立的自主权后，马云带领团队成功开发了"网上中国商品交易市场"，无论从架构还是实际运营来看，这个网站都是中国电子商务领域非常成功的项目。尽管采取了收费模式，但相比之前政府红头文件推广的内网网站，却显得灵活高效。中小企业积极登记加入这个网站，国富通当年实现盈利287万元。

国富通似乎是成功了，团队很开心，但马云依然没有得到自由。当时的上级认为网站应该服务大型国有企业，建立内部封闭系统，但马云想要革新的对象是整个零售商业。眼看着中国的新浪、搜狐、网易一路高歌猛进，而马云却感到依然被体制捆住手脚，于是他更加急迫。与此同时，雅虎邀请他担任中国总经理，新浪也重金邀请他加入，马云都选择了拒绝。

既不想在体制内工作，也不愿意加盟打工，马云并非眼高于顶，而是渴求个人领导力的发挥。

作为新兴经济形态的互联网公司，总是需要积极平衡个人、部门、客户以及各方面投资者、管理者的利益，只有领导力极强的人，才能让所有人认同业务内容、企业理念和品牌文化，形成协同能力，这也是每个创业者为了梦想而必须保持的状态。一旦创业者不能做到这些，其领导能力和个人魅力就无从发挥。正如罗伯特·清崎在其著作《富爸爸：21世纪的生意》中所写道："这个世界充满了仗势欺人之辈和世俗小人，不管这些人是你的老板、经理，还是你的邻居或朋友，我猜你早就不想让他们继续对你指手画脚、颐指气使了。你迫切地需要掌控自己的生活，你迫切地需要拥有'忽视这些人的存在'的勇气，你迫切地需要思考与行动的自由。"可以说，创业者心态最本质的一点，就是时刻能够决定自己的命运。

1999年，马云决定忍痛离开奋斗了14个月的北京，回到杭州重新创业。此时，他没有想到要做阿里巴巴，只是期待为中小企业带去互联网商业模式。杭州位于中小企业最多的江浙地带，也拥有相对便宜的人力资源，加上是自己的家乡，毕竟具有相当优势。于是马云将他带来的团队成员召集起来，宣布了决定。他说，如果想要留在北京，自己可以推荐进入雅虎，每月工资能有好几万元，也可以去刚成立的新浪；如果想要回杭二次创业，工资只有500块，打车不报销，办公就在他150平方米的家里，做什么还不清楚，只知道要做全世界最大的商业网站。

有的人表示了担忧，觉得离开了互联网技术发达、信息集中、资金和传媒关注度最高的北京，会失去希望。马云却说，我们不需要那么多最新技术，也不需要浮躁的声音，我们要做的就是面向传统行业中小企业，打造一个并不需要太多资金的实用网站。而这些企业，都在浙江。

马云给所有人三天考虑时间。结果，他们出门商量了一会，然后走进房间："马云，我们一起回杭州。"

马云在那一刹那感动得热泪盈眶，发誓要让这份信任在未来得到回报。其实，此时他用来吸引追随者的，并不是诱人的荣华富贵，也不是空谈理想的情怀，而是充分展现出的领导者魅力。正是这种追求独立、向往革新的领袖精神，打动了整个团队，让他们宁愿放弃眼前的稳定高收入，也要跟他回到杭州一试身手。

无论何时何地，创业领袖只有具备独立的企业家精神，才能吸引到真正的优秀人才。这样的人，已经不会只为金钱而工作，当他们的灵魂遇到更加独立、自由、创新的传道者，他们会选择毅然追随，并在未来不断打破眼前束缚，成就恒久非凡。

第二章

30 岁的梦想，万一实现了呢？

在中国互联网大潮风起云涌、英雄辈出的时代，"起了个大早"的马云，似乎却"赶了个晚集"。中国黄页、国富通这些创业项目，始终无法帮助他触及真正的梦想。

面对人生转折的十字路口，马云将会如何思考、如何抉择？又会做出怎样的行动？

重回杭州,做 1% 的追求者

马云在外经贸部的工作经历,对他未来的成功至关重要。他为"国富通"项目创造了数百万元的利润,也曾亲自为国家领导人介绍公司情况,但更重要的是其思想层次上的飞跃。马云曾对此直言不讳:

"在这之前,我只是杭州的小商人。这次为国家工作,我知道了国家未来的发展方向,学会了从宏观上思考问题,我不再是井底之蛙。"[1]

每个创业者在踏出最初一步时,都会受到内心梦想的指引,即便梦想是模糊不清的,但他们也能凭借其赋予的激情果断行动。然而,成功的创业者远不如此,他们会在创业过程中抹去漂浮眼前的尘埃,拥有宏观思维的能力。

---

[1] 尹大卫著. 小即是美 马云的经营哲学 [M]. 北京:北京工业大学出版社,2015.09.

宏观思维的特点在于整体性、全局性和历史性。它关注的不是一个人、一个团队、一家公司在短期内的得失成败，而是将所涉足的行业作为整体来考虑，再将之放进国家、民族与社会的大历史命运进程中进行分析。这样的思维方式，可以让创业者看清身边的每个变量，预测它们将如何变化，踏准在变量与变量碰撞中前进的节奏。换而言之，只有宏观思考，才能有正确的事业方向，创业者的努力，才会变得有意义。

宏观思维并非唾手可得，只有在不断攀登的道路上，随着创业者个人眼界的提升，才能逐渐磨炼成就。马云的努力，换来了在中国黄页和外经贸部的工作经历，对国际贸易市场、国内商业机构和进出口市场有了成熟深入的了解，这让他从似稳定盈利的日常业务中脱身而出，深入思考：下一个即将到来的中国互联网商业浪潮究竟是什么？互联网发展方向的潜力，究竟蕴藏在这个国家的哪里？

在离开北京前后，马云的方向逐渐明朗化，他决定用互联网电子商务为中小企业创造价值。这一战略性方向改变了马云的后半生，也改变了中国互联网商业模式的发展历史。但其过程却并非像后来者想象的那么简单。

在做所有重要决定时，马云都认为，60%是靠企业家的本能，但剩下的40%，要靠理智和数据分析。经过分析研究手头积累下来的数据，马云发现，在当时的国内互联网方面，商业机构之间发生的业务量，远远超过了商业机构与消费者之间的业务量。但在这些商务机构之中，中小企业的数量只占据了少到可怜的比例。由此，马云得出基本结论，在遍布中国的商业机构中，眼前最需要互联网电子商务的，是大量中小企业，他们就是无处不在的客户。

马云坚定相信自己的眼光,他并没有四处寻找专家和高人的意见,甚至也不奢望团队中所有成员的支持。这是因为他看清了大趋势,相信自己即将做正确的事情。因此,他才拥有了此时所表现出的"虽千万人吾往矣"的决然勇气。这一点,他很快就会表露无遗。

那是1999年2月,亚洲电子商务大会在新加坡召开。由于中国外经贸部的国富通公司已经小有名气,马云也受到了大会的邀请。

尽管这次大会的主题是"亚洲电子商务",但讽刺的是,受邀者中真正的黄皮肤、黑头发却没有几个。马云步入会场,放眼看去,全都是金发碧眼的欧美人士。据后来的统计,当时参加大会的欧美人竟然占到了80%。即便不能利用这一点来否定这次会议,但有一点在今天能够确认无疑:那时的互联网商务,在亚洲几乎还没有开始起步,

"老外"们在讲台上侃侃而谈,从耶鲁、哈佛的理论研究谈到实际创业,从eBay讲到亚马逊。轮到马云发言时,他却没有片刻犹豫地说道:"亚洲电子商务步入了误区。亚洲是亚洲,美国是美国,现在的电子商务全是美国模式,亚洲应该有自己独特的模式。"

此话一出,有人赞叹,也有人惊愕,但更多的是掩盖不住的嘲笑。"老外"们对马云这个名字不仅感到陌生,对他所说的话也感到无法理解。难道说,除了美国模式之外,亚洲人还打算自己寻找新的互联网商业方向吗?

马云偏偏坚信为中小企业服务的互联网商业方向,即便无法得到别人的认可,他也选择相信自己,去做1%的坚守者。他坚

守的不仅是梦想，也是正确的答案。

正如 2011 年 9 月 5 日，在杭州师范大学举行的开学典礼上，他以校友身份，向学弟学妹们提出的建议，他说：

"我希望，大家永远用自己的脑袋思考。脑袋是用来给自己用的，不要东说好就东，西说好就西，永远要用自己的眼光去看待问题。任何人赞成的时候，停一下，其实不差两秒钟；任何人反对的时候，也停一下，思考，也不缺这两秒钟。"

马云的执着并非完全来自天性，同样来自他在高屋建瓴的思考之后，对商业发展规律的真切把握，对未来情势的洞若观火。有了这些，他自然敢于做"1% 的疯子"，并吸引团队所有人追随左右。其实，所谓"疯"，只是大多数未能看清方向的人眼中的马云。在他而言，只是极致地追求目标。

1998 年底，马云和他的团队即将告别北京。一年多来，这个团队如同上满发条的精准钟表不断运行，从未有过集体出去游玩的体验。马云决定，最后一天要去长城。在后来那张著名的照片上，冬日的晴朗阳光覆盖在古老的长城砖墙上，团队成员有的神色凝重地直视镜头，似乎有重重心事，有的带着欣慰的笑容，向远方眺望。35 岁的马云身着火一般红的羽绒服，慵懒而自信地倚靠在身后的砖墙上，看上去并没有多少心事。

在长城上，马云还发现了一件很有意思的事情，许多砖头都被游客留下了"×××到此一游留念"的字样。马云指给人们看，然后笑嘻嘻地说："这就是中国最早的 BBS。"后来，马云回忆说："中国人很喜欢 BBS，我们不懂技术的人，用起来最方便、最能接受的也是 BBS。"

这个意外的"发现"，仿佛昭示了阿里巴巴诞生时的模样。

梦寄"阿里",心系寰球

当马云在长城好汉坡上喊出"要做一家一辈子不后悔的公司"时,他坚信自己最终将以互联网,为万千中小企业服务。但此时,即便他身边最亲密的战友,对这个看似遥不可及的蓝图,也很难产生切身的感受。

如何让每个普通人接受这样的理念,并将之带给遍布中国的客户?马云相信,一个好的公司名称,能够肩负起传递梦想的重任。

这个名字,就是未来让全球电商人如雷贯耳的"阿里巴巴"。

对于企业而言,名称代表着形象、目标与愿景。想要让企业的经营理念被充分认可,想要让将来的事业蒸蒸日上,就必须先设计出精妙传神、形象生动的企业名称。如果单从可区分性和符号学角度来看,对企业的命名并不难,可以随意起一个与众不同的即可。但企业是经济组织,对内需要聚合员工力量、对外需要树立企业形象,将企业的名称变成有价值的无形资产。因此,创业者要做的是从品牌建设的战略高度,对企业名称进行系统的设计,从命名开始,就将价值通过名称传递出去。

其实,很多创业者都知道这些道理,但取个好名字绝非易事。马云为名字费尽心思,其认真劲头超过了所有人。还没回到杭州,他就开始了冥思苦想。在马云看来,这家尚未诞生的公司,未来势必要走向世界,因此他希望公司的名字听起来简洁响亮,同时具有国际化色彩。但究竟什么样的名字,才能符合要求,打动全球客户?

马云为此想了很久,还发动身边所有的人。他征集来许多名字,让大家帮助筛选,但结果还是令人失望,没有一个名字可以让每个人都满意。这让马云绞尽脑汁,甚至到了寝食难安的地步。

幸运的是,一个偶然的机会,马云想到了过去的经历。

那还是1998年2月,他因公前往美国。其间,他独自在当地一家餐厅吃饭,这让他倍感无聊。于是他想到,有什么话题能够在陌生的大洋彼岸来拉近陌生人之间的距离?

马云就是这样,他总是会抓住一切机会,在脑海中迸发出新的问题并进行思考。在大学同学的回忆录中,马云当年就是自称"三天没有新的想法就难受"[1]的年轻学生,而经过多年创业的打拼,他更是养成积极思索的习惯。纵然很多问题在常人看起来可能无足挂齿,甚至有些无聊,但创业者如果没有这样勤于思考的精神,又怎么可能做到厚积薄发?

马云沉默地吃着饭,灵魂却在时空隧道中疾驰而过,无数道闪烁光芒蕴含着人类的杰出智慧向他扑面而来,又被他一一甩在身后。突然间,一个古老的名字擦身而过:阿里巴巴!

---

[1] (美)叶冠男著.两生两求[M].2012.

马云从小喜欢听故事，也喜欢讲故事。在阿拉伯民间故事集《一千零一夜》中，有一个令他印象深刻的关于寻宝的故事，即"阿里巴巴和四十大盗"。这个故事风靡全球，主角阿里巴巴家喻户晓，即便在改革开放初期的中国，也是男女老幼都知道的传说人物。人们甚至将其编入刚刚时兴起的迪斯科舞曲中，称赞"阿里巴巴是个好青年"，因为他既有神奇的幸运，也有善良的心地，在他得到宝藏之后，并没有将其独占，而是分享给了他人。这非常符合马云的英雄主义价值观，因此马云对这个名字印象深刻。

想到这里，马云立刻叫住餐厅的侍者。

"小伙子，你知道阿里巴巴的故事吗？"马云的英语交流娴熟而礼貌。

侍者微笑着回答："当然了。"他随机还说出了阿里巴巴故事里使用的咒语"芝麻开门"。这让马云倍感亲切和开心。

随后的几天，马云就这个问题随机问了很多路人，绝大多数人的回答都是肯定的，并且都和侍者那样，说出了"芝麻开门"的咒语。

时隔一年之后，马云再次想到这段经历，嘴角还是浮现出抹不去的微笑。他决定，就以"阿里巴巴"为主题，在更大范围内征求意见。

回到杭州之后，马云向世界各个地区的好友发出邮件，拜托他们帮自己做这样的抽样调查。不久之后，调查结果纷至沓来，与马云的预想一致：阿里巴巴在全球可谓家喻户晓！马云的担心落了地，新公司使用这个名字，既能代表互联网源源不断的神奇财富洪流，又包含了向普通人不断分享传递价值的理念，更重要的是，它能够让全世界的人都轻松理解和接受。

马云立即兴高采烈地去注册这个域名,但发现了令他意外的事情——这个域名早已有人注册,注册者是加拿大的一个普通商人。看着自己花了九牛二虎之力才想出来的名字被人横刀夺爱,马云心里很不是滋味。有人劝他,既然如此,可以再想新名字,但马云再三思索,觉得好名字的价值是难以用数字衡量的,"阿里巴巴"不是简单的称呼,而是代表了自己互联网商业模式创新的梦想。于是,他决定买回这个域名。

此时,马云手头的创业启动资金只有区区50万元,甚至连公司办公场地也没有解决,但购买域名却要花费1万美元。很多人对这个做法表示不理解,希望他能够放弃。但倔强的马云还是坚持己见,从加拿大人手中买下了域名。后来的事实充分证明,马云此时的决定睿智而富有远见,"阿里巴巴"这个公司名称和 https://www.alibaba.com/ 的域名,给马云和他的公司创造了远超其成本的利益。更何况,比起此后谷歌花费数百万美元巨资购买 Google.com.cn 和 Google.cn,马云的这笔1万美元早期投入,又算得了什么呢?

不久以后,马云还顺势注册了 alimama.com、alibaby.com 的域名。在他看来,阿里巴巴、阿里妈妈和阿里贝贝本来就应该是一家的。马云想得很多,同时也想得很远,他认为手中这些名字即便暂时用不上,但将来很可能会爆发出意想不到的价值。而"阿里巴巴"这样琅琅上口、耳熟能详的名字,更是带领新公司迈入成功大门的最佳起点,正所谓"一个好的名字,就是成功的一半"。

湖滨创业，联接"十八罗汉"

创业需要投入，首当其冲的就是资金。马云出身普通，为了创办一家未来能号召全球的电商企业，必然面临前期投入的巨大压力。但他偏偏为阿里巴巴的诞生，选择了不同的道路——采用集资方式筹钱。事实证明，集资不仅化解了他的资金窘境，更将团队中的每个人联接在一起。

1999年1月，马云和他的伙伴们回到杭州已经有一段时间了。这天下午，他将团队成员悉数邀请到自己位于湖畔花园的家中开会。当人到齐后，马云开门见山地说道："大家和我从北京回来也有一段时间了，现在我们要开始创业了。"

这句话让空气顿时沉重下来，十几个人互相看看，没有人说话。大家心里都很清楚，这次跟马云回到杭州，目的就是共同创业，方向是为中小企业服务。但对于具体如何创业，大家心中都没有底气，抱有一定的疑问。

马云的视线扫过一张张年轻的面庞，随即严肃地说道："各位伙伴，这次我们一起创业，虽然是站在同一条船上，风雨同舟，但有几个原则，必须坚持！"

人们的精神为之一振，听着马云后面的话语。

"第一，你们不可以向自己的父母伸手借钱，不能打老人退休养老钱的主意；第二，你们不可以求助于亲戚朋友，向他们借钱，避免对人家的生活和亲友的感情，造成不良影响；第三，要做好愿赌服输的心理准备，即便真亏本了，也是赔自己的钱，绝不能让家人跟着一起遭殃！"

大家听了马云的这些话，纷纷点头表示赞同。然后，马云又让每个人拿出手中能够动用的积蓄，放在桌子上。

后来，参与了集资的谢世煌回忆说："记得大家很可怜，每个人都只有一两万、两三万的样子，我觉得我们这帮人都有点好赌，特别是快输光时很矛盾，是借钱再赌下去，还是就此不干了呢？"这十几个人无一例外，选择了继续。

马云自己则和张英将家中所有的积蓄都拿了出来。最终，十几个人集中凑了 50 多万元。

作为创业者，马云既大胆创新也谨慎缜密。他后来总结了创业的十六字经：

"先人后钱，事先钱后，以我为主，战略至上"。

他决定用每个人的闲钱来进行集资，但又不准他们借钱，这样既能够确保创业启动资金，也考虑到风险，避免万一出现糟糕情况而连累团队成员的生活。毕竟，这群自愿创业的人即便赔钱，也能靠能力和资历赚回来，但让父母亲戚也跟着赔钱，那就违背了马云带领团队创业的初衷。

这 50 万元，就是马云和创业团队手头能拿出的所有钱，倘若阿里巴巴公司创业失败，他们的这些钱将会全部赔光。但围桌而坐的所有人，都并不担心这一点。他们对马云的眼光非常信任，也因此信任马云所期待的梦想。

实际上，互联网泡沫初显端倪，海外风险投资已经涉足了中国互联网行业，用50万元创办一家电商公司显得捉襟见肘。很可能最初的几笔广告费就会将其消耗殆尽。凭借马云那时所具备的影响力、拥有的人脉，他完全可以从银行或投资机构借到更多的投资资金。但他为什么没有这样做，而是让所有人从原本就不宽裕的存款中拿出闲钱，集体投资？

其实，如果马云想要在此时做到绝对控股，是轻而易举的，而且团队中其他人也不会反对。因为当时中国人创办公司，绝大多数都是自己控股做老板，而且一般控股股权都在60%以上。即便日后股权稀释，创始人也永远控股、永远是大老板，即便新生经济下的互联网公司也是如此。

与同时代的创业领军者相比，马云的想法更加深远。

他清楚，如果参与者没有拿出自己的资金，将来他们也就无法占有阿里巴巴公司的股份。这样，阿里巴巴的企业性质同大部分家族式民营企业也就毫无区别了。至于控股，他也没有考虑过，他说：

"就我手中的股份，我是不足以驾驭的，因为我并没有控股，我拥有的股份大概也只有10%左右的比例。从第一天开始，我就没想过用控股的方式控制。事实上，我们也不允许任何一个股东或者任何一方投资者控制这个公司。我觉得这个公司需要将股权分散，管理和控制一家公司是靠智慧。"[1]

---

[1] 蒋云清著. 马云谈商录[M]. 北京：京华出版社, 2011.09.

马云的目标并非建构家族企业,他不是只想让自己赚钱,而是更希望阿里巴巴能够成为与人分享的企业,只有股份公司的形式,才能寄托他理想中无私共享的互联网。从个人感情上说,他也想利用合伙形式,来带动这些不离不弃的伙伴们,从眼下区区数百元的月薪,走向辉煌的财务自由。事实上,当日后阿里巴巴成功地在香港地区和美国上市后,这些创业元老的身家,也有了天翻地覆的变化。

因此,从表面上看,此时的马云是从伙伴们身上"拿钱",但事实上,他是在用集资的形式,将伙伴们的利益与情感牢固联接起来。如果说得更感性一点,那就是马云慷慨地将自己手中的控股权"分"给了所有创始人。

互联网商务将是联接世界的事业,如果不能联接身边的人,又怎样做到这一点?更何况,马云看重的既有商业成就,也有朋友感情,这构成了阿里巴巴成功观和价值观的基础。正因如此,马云后来才会说:

"我们很健康,股份每个员工都有,最大的股份在管理者手里。这是个很科学的概念,我们并不是东方家族企业。"[1]

当然,马云能够从一开始将阿里巴巴放在了坚实的可持续发展轨道上,也是因为当时的他已经开始接受西方先进健康的合伙公司理念,并选择了集资形式来确保未来事业的健康发展。他后来对此描述说:

"家族气、小本本主义、小心眼,这些东西都不行,西方的

---

[1] 赵建. 马云传[M]. 北京:中国画报出版社,2008.11.

公司是用制度来保证,而我们中国人是用人来保证。"[1]

的确,无数企业的发展实践证明,在事业不断壮大的过程中,创始团队中很可能有人发生心态变化,并产生矛盾裂痕,对公司的前进步伐产生阻碍。马云了解这种"合久必分"的企业发展历史,自然不愿意这样的事情发生在阿里巴巴身上,但倘若阿里巴巴从一开始就是所有合伙人的"孩子",那么这种问题出现的概率就会大大降低。因为所有人从最开始就分配到了利益与责任,阿里巴巴与他们形成了血缘般的直接关系,无论从感情还是财富角度,他们都会全心全意为这家公司奋斗下去。

用集资的形式创办阿里巴巴,体现了马云过人的胆识和智慧。关键时刻与团队成员结下的血脉联姻,将在未来为这个屡受挫折的浙江男人,带去坚强的基础,其价值将远远超过那一天桌上的50万元人民币。

马云后来回忆说:

"阿里巴巴能够走到今天,有一个重要因素就是我们没有钱,很多人失败,就是因为太有钱了。以前我们没钱时,每花一分钱我们都认认真真考虑,现在我们有钱了,还是像没钱时一样花钱。因为我今天花的钱,是风险资本的钱,我们必须为他们负责任。我知道,花别人的钱,要比花自己的钱更加痛苦,所以我们要一点一滴地把事情做好,这是最重要的。"[2]

手握这50万元,虽非少年的马云,心事已直冲云霄。

---

[1] 蒋云清著.马云谈商录[M].北京:京华出版社,2011.09.
[2] 邹文豪主编.中国顶级 CEO 经典语录全集[M].北京:中国画报出版社,2009.01.

追求做好,而非做大

曾几何时,马云梦想过打造中国的雅虎。但当雅虎创始人杨致远向他发出邀请,让他担任雅虎中国的首任COO时,马云却拒绝了。据说,拒绝的直接原因,在于两个人之间的一段对话。

马云:"雅虎到底想做什么?"

杨致远:"雅虎想做互联网上的一切。"

马云紧皱眉头:

"从理论上讲,什么都做,往往什么都做不好。互联网的走势将越来越纵向化,往横向发展,会比较困难。"[1]

后来的事情虽然证明了马云的看法,但那时的杨致远却并不认同他的观点,两个人虽然始终保持友谊,但终究没有在事业上走得更近。

正是这次对话,让马云深刻地意识到,身边大多数互联网从

---

[1] 刘世英著. 马云正传[M]. 长沙:湖南文艺出版社,2008.07.

业者，都只看到了雅虎的成功并试图模仿。但他却认为，片面追求做大的互联网创业期已经过去了，走横向不如走纵向。与其想着"一刀切"，不如"切一刀"，与其想要做大，不如先在最需要的领域中做好。

正因如此，马云希望阿里巴巴以中小企业作为主要客户来开展业务。很大程度上，也是因为欧美电子商务将主要客户定义为大型企业，向来崇尚逆向思维的马云主动选择避其锋芒，采用了和对手相反的思考方式。对此，他曾解释说：

"中小企业好比沙滩上的一颗颗石子，通过互联网，可以将这些石子全粘起来。土粘起来的石子，可以和巨石抗衡。而互联网经济特色，正是以小搏大、以快打慢。"[1]

直到此后很久，人们才明白马云的意图，他那时想要做的，实际上就是互联网世界的义乌。

义乌是中国地图上一个不起眼的小城市，但有着全世界最大的批发市场，那里聚集了你能想象到的所有日用小商品，并日夜不息地销售到每个城市。在全中国乃至整个世界，随处都能看到义乌小商品商城的踪迹。

马云此时所想要做的电商，就是互联网版本的义乌。他希望能够为那些被资本和媒体所忽视的中小企业，打造相互之间的良好交易平台。最终，消费者也能在这个平台中找到想要购买的商品。

然而，此时能够理解他这种想法的人并不多，团队成员中也有人无法完全认同。即便如此，1999年2月20日，阿里巴巴公司依然诞生了。

---

[1]西武，暨琴编著.马云创业语录［M］.哈尔滨：哈尔滨出版社，2008.11.

这一天，在杭州湖畔花园风荷园16幢1单元202室里，16个人齐聚一堂。这里除了张英提前布置的一些家具，加上几张看起来破旧的桌椅外没有一件值钱的东西，大多数人都坐在地上。

这16个人分别是：马云、张英、孙彤宇、吴泳铭、盛一飞、楼文胜、彭蕾、麻长炜、韩敏、谢世煌、戴珊、金建杭、蒋芳、周悦虹、师昱峰、金媛影，加上此后不久加盟的饶彤彤和蔡崇信，后来被定义为阿里巴巴的"十八罗汉"。

按照惯例，马云对这一"重大会议"进行了全程录像。他坚信这将是阿里巴巴的良好开端，并具有重要的历史价值。在后来全网传播的视频中，画面昏暗、房间杂乱，十几位创业成员神情凝重地围着慷慨激昂状如传教的马云。他站在一张桌子后，快速而疯狂地发表热情洋溢的讲话：

"黑暗之中，一起摸索，一起喊，我喊叫着往前冲的时候，你们都不会慌了。你们都拿着大刀一直往前冲，十几个人往前冲，有什么好慌的？"[1]

似乎与这样的豪情有些不搭调，在开会过程中，马云家里的墙壁突然渗水了。马云冷静地说："我出去找点材料。"过了一会，他抱着一大卷旧报纸回来，然后大家一起将报纸贴在墙上，就这样开始了公司创业的第一天。据说，后来为了保持统一，马云将报纸作为湖畔花园大部分房间的墙纸。

雄壮的演讲词与沉默的贴墙报纸，为这家新公司的诞生带来了某种奇妙的预言感。在这次会议中，马云在演讲中提出要建立一家生存102年的公司、建立一家为中国中小企业服务的电子商

---

[1] 刘立京编著. 奇人马云[M]. 北京：现代出版社，2008.10.

务公司,未来还要建立世界上最大的电子商务公司并进入全球网站排名前十。但另一方面,他们依然面临资金有限的困境,只能在家中办公,最多一次,这个150平方米的房子里坐了35个人在工作。

虽然条件简陋,但马云对工作要求很高,务必做到尽善尽美。按照他的想法,应该学习网上论坛BBS,按照行业分类建构网站体系。这是马云在离开北京之前登上长城的感悟与发现。但是,团队内有不少人并不同意他的看法,甚至还会为哪种更好而拍桌子争论。马云烦恼地拍着自己的脑袋,最终还是觉得自己对,当时马云在外地出差,发电邮催促同事们加快完成,他们还是不同意。马云在电话里罕见地发怒了,尖利地叫道:"你们立刻、现在、马上就去做!立刻!现在!马上!"

阿里巴巴最后还是按照马云所设想的最佳方案,逐步构建起来。

有了架构只是第一步,为了让网站能够尽快高效运行起来,马云不断鼓励员工:

"发令枪一响,你不可能有时间去看对手怎么跑,你只有一路狂奔。"

团队骨干们也的确做到了,他们每天16至18个小时疯狂工作,日夜不停地设计网页,讨论创意和构思。每天第一个醒来的人,都要跨过地板上横七竖八睡着的好几个同事,才能走出马云家狭窄的房间。

这些敬业的员工,根本不知道未来的阿里巴巴会做到多大,也不敢相信马云能实现"冲击全球网站排名前十的目标"。同样,马云对他们在此时提出的要求,也远非虚空弘大,而是尽量完美:

要让阿里巴巴网站的每一张图片、每一段文案、每一个页面都能打动客户，展现出优越的商务价值，换来中小企业客户们的承认。

一个月后，当春天再次来到杭州，阿里巴巴网站（www.alibaba.com）正式推出，效果非常出色。由于拥有清晰易懂、高度专业的中英文电子商务内容，外国企业买家能够通过阿里巴巴找到报价只有现有供货商三分之一甚至五分之一的中国供货商，越来越多中小企业由此接到国际订单，对方下单的价格也远远高于国内激烈竞争的内需市场。

在互联网上，流量很大程度地说明了商业价值。从3月份开始，阿里巴巴网站流量稳定快速地增加，开始被互联网行业和媒体所注意。即便如此，马云也并没有马上大张旗鼓地对业绩进行宣传。实际上，在1999年到2000年之间，中国互联网在全国主要电视台和报社广告上的花费总计超过了1.5亿元，其中排名靠前的有新浪网、中华网和购物网站8848。此外，在当年的北上广，Chinaren、搜狐、e龙网、易趣、新浪也占据了户外灯箱广告曝光率前列位置。与此相比，阿里巴巴却表现出毫不在意的冷静。当时，杭州本地媒体想要采访阿里巴巴，都被马云拒绝了，甚至当美国著名的《商业周刊》杂志了解到该公司后，马云依然拒绝了采访要求。《商业周刊》记者通过了中国外交部和浙江省外办的关系，坚持采访马云，但马云开出条件，可以采访，但文章不能发！

为什么阿里巴巴没有像同行那样，在此时广泛宣传自己？马云地回答是：

"我们在闭门造车。1999年回到杭州以后，我们自己商量决定，6个月之内，不主动对外宣传，一心一意把网站做好。"[1]

马云言出必行。3月到9月之间，全世界没有任何媒体刊载阿里巴巴的新闻，而这家公司的广告费预算则始终为"零"。直到几个月后，他们搬出了湖畔花园，搬到杭州华星大厦，《商业周刊》的采访文章才得以发表。

当许多人回顾阿里巴巴初创的历史时，他们看到的只有马云鼓舞人心的言辞和夸张的动作，但却没有看到马云从一开始就务实地赋予了阿里巴巴的神圣使命——做好，而不是做大。

在定义阿里巴巴的商业方向时，马云避免了对雅虎的盲目模仿，选择了中小企业电子商务这一垂直领域，从而得到了生存与发展的空间。同样，在实际执行时，他也将阿里巴巴看作刚刚出生的婴儿，想的并不是如何成长为力大无穷的巨人，而是怎样用实际行动在市场上生存下去并能活得更好。

很多创业者对内心宏伟的理想过于笃定，才刚刚着手创业，就装满了太大的希望。自然，心中有伟大的梦想是必要的，但如果创业者只有这样的臆想，就很容易失去务实的精神，导致一味好高骛远，从成功的阶梯上狠狠摔下。

创立阿里巴巴之初，马云就努力避免了沾沾自喜和好高骛远的毛病。此后，他更以此告诫创业者：

"一个优秀的创业项目首先是要做好，而不是做大，更需要注重项目细节的可执行性。"

大规模的宣传和扩张，考验着一家企业的融资能力与资源管控，这会在很大程度上分散创业初期对产品与服务质量的提升精

---

[1] 朱甫著. 马云管理思想大全集 超值白金版 [M]. 深圳：海天出版社，2011.09.

力,导致无法突出重点。因此,在创业之初看准杀入的方向、做好初期的执行,以期获得发展过程中的原始积累,才是一家企业日后赖以发展的牢固根基。可以说,如果没有对市场的深入了解,没有对本行业的未来的明确判断,没有扎扎实实的刻苦拼搏,没有无数个日夜的起早贪黑,而是沉湎于盲目宣传、眼高手低,急于打造情怀的光环来"套现走人",就永远也不会有今天的阿里巴巴和马云。

从这一点看,每个创业者应该从马云身上所学的,不只是他鼓动人心的能力,还有他立志将企业做好而非做大的韧性与坚定。

蔡崇信加盟，融资第一步

随着《商业周刊》的非正式采访，阿里巴巴的名气在国内外进一步提高。马云开始面临新的考验：一面是公司面临弹尽粮绝的境遇；另一面，则是风投资本精心准备的诱人盛宴……

创业之初，马云预想的是用50万元坚持公司10个月的运营。然而，阿里巴巴的成长速度之快，很快超过了资金所能供给的上限。当公司维持到第8个月时，众筹的50万元资金所剩无几。

融资已经迫在眉睫。

财务总监彭蕾沉重地宣布："马云，公司账上没钱了。"她后来回忆说，自己第一次近距离看风险投资商，才发现钱离得这么近，都是上百万美元，心里痒痒得很受诱惑。

在彭蕾看来，风险投资商开出的条件"还可以"，更何况"我们已经无米下锅了"。但是马云依然不为所动。他虽然一次次和各路投资人商谈，但始终没有任何结果。

在今天各种有关马云和阿里巴巴的传记中，这段艰难的融资

经历被描述为"马云拒绝了38家投资商",但彼时的实际情况可能恰恰相反。每一次,马云都坚定地告诉所有投资人:

"我们认为,阿里巴巴的总价值是我们所认为的那个,你们的看法与其差距太大,所以我们看来无法合作。"

最终,对方只能客气地宣布会谈结束。从上海来的一家投资机构,在结束了商谈后,还在电梯间里给了马云这样的答复:"很遗憾,你们错过了一个机会。"

马云在数年后阐述了自己那时对投资者的期待。他说,除了钱之外,他尤其希望第一笔风险投资能够给阿里巴巴带来更多的非资金要素,例如进一步的风险投资,例如其他的海外资源等等。而这,就需要投资者对阿里巴巴有真正的信任。用马云的话来说就是:

"我们需要的不是风险投资,不是赌徒,而是策略投资者,他们应该对我们有长远的信心,20年、30年都不会卖的。两三年后就套现获利的那是投机者,我是不敢拿这种钱的。"

此外,早期前来的这38家投资商,大多是内地的投资者,他们的投资风格过于中国化,对他和阿里巴巴的管理层无法达到充分信任。在马云看来,这种投资是无法接受的:

"一种是他天天看着你,你动一步他就就要管你;还有一种就是他管都不管你。"

有过"中国黄页"的失败经历之后,马云深知那些管得过分严格的投资人,往往都带有极强的功利心。对这类投资者,马云认为:

"不如他们自己来做算了,还要我这个CEO干吗?"

而那些从来不管的投资商,则是:

"把鸡蛋压在篮子里面,投了十几个二十几个项目,根本就不关心你。"[1]

在融资上,马云更倾向于西方的思维方式,投资机构在审核决定项目时可以非常严格,但对具体经营要能充分信任,才能确保创业团队的独立运营。这样,阿里巴巴才会有真正健康顺利成长的环境。

基于上述种种原因,尽管创业初期的企业最需要资金投入,但马云的态度却和普通投资者不同。起码在表面上,他显得并不着急。这一方面是因为他对阿里巴巴充满信心,另一方面也是因为看重自己的每个决定,尤其看重融资的第一步。作为阿里巴巴的领头者和决策人,马云清醒地知道,初次融资不只是为了让公司能活下去,更加关系到企业的未来发展格局。

所以,一个理性的创业者,绝不能被眼前的困难所吓倒,也不能被表面的利益所诱惑。尤其在面对融资时,要勇于判断和取舍,对那些并非机会的机会,大胆地说出"不",而不是为了活下去,就放弃应有的原则。

后来,马云回忆起这段坚持原则的时光,自豪地说:

"当时互联网很热,很多人都想要钱,我们对投资人说我们不要钱……投资者可以炒我们,我们当然也可以换投资者,这个世界上投资者多得很。关于这个问题,我希望给中国所有的创业者一个声音,投资者是跟着优秀的企业家走的,企业家不能跟着投资者走。"[2]

---

[1]华胜著.马云传奇[M].北京:中国经济出版社,2009.08.
[2]华胜著.马云传奇[M].北京:中国经济出版社,2009.08.

当然，那时的马云在实际和投资商进行洽谈时，采用了比这些言辞更为巧妙的拒绝方式。

常年行走生意场上，马云自然懂得"多一个朋友多一条路"的道理。例如，"要求股权回报太多"、"对阿里巴巴的价值评估不够"、"投入资金不合适"等理由，是非常正当而客观的，令投资商无话可说又留有后路。相反，如果采用"性格不合"、"理念不同"等充满主观情感色彩的理由来敷衍对方，也就很难成就未来的新合作了。

正是在这段艰难的融资经历中，马云遇到了阿里巴巴发展历史上相当重要的人物，他叫蔡崇信。

蔡崇信加盟阿里巴巴的过程相当传奇。与马云团队毕业于中国普通高校的背景相比，他的履历耀眼无比，令人难以相信他会主动投奔到湖畔花园小区来。蔡崇信毕业于美国耶鲁大学，拥有经济学东亚研究学士学位和法学博士学位、哈佛MBA学位，在纽约做过几年律师，担任过纽约外购管理公司副总裁。1995年，蔡崇信加盟瑞典银瑞达集团(Investor AB)，成为这家世界知名投资机构的高级投资经理并兼任下属公司的副总裁，主要负责集团亚洲投资业务。

为了尝试投资阿里巴巴，蔡崇信代表银瑞达集团，来到杭州接触马云。交谈间，双方畅谈的都是对事业的愿景，而非盈利模式。马云对蔡崇信说，阿里巴巴要做的，就是帮助中国内地数以百万计的工厂资源，通过互联网接触到现代国际贸易。蔡崇信非常认同，他说，商业资源在全球分布本不平均，但互联网是一个均衡器，能够让商业领域平衡起来。

英雄惜英雄。几番长谈后，马云和蔡崇信在彼此身上发现了种种共同点。而湖畔花园那个年轻、上进、拼搏、奋进的团队，也给蔡崇信留下了深刻的印象：马云这个男人，究竟有多大的人格魅力，能吸引十几个各行业的精英，能一个月拿500元而不眠不休？

第二次来到杭州时，马云带着蔡崇信夫妇泛舟西湖。湖光山色之间，蔡崇信握了握怀孕妻子的手，然后郑重其事地问马云："我是不是可以加入你的团队？"

马云无法想象，这个考察自己的投资机构高级代表人，最终决定是将自己的事业投进阿里巴巴。他诧异地问蔡崇信是否想好了。在得到对方坚定的答复时，马云激动得难以自已。

蔡崇信就这样毫不犹豫地舍弃了70万美元的年薪，为了他和马云不谋而合的理念与愿景，加入了阿里巴巴。他和马云是同龄人，无论是家庭背景、学业经历还是个人性格，都是截然不同：马云开朗幽默，喜欢公开演讲；蔡崇信安静儒雅，在公众场合从不多言。然而，这样互补的两个人，却注定成就阿里巴巴崛起历史上的合作佳话。

蔡崇信的到来，也意味着融资目标的顺利达成，凭借他的人脉和能力，很快为阿里巴巴拉来高盛公司牵头投资的500万美金。这500万美金，终于让那时每天随身用小账本记账的彭蕾松下一口气来。

虽然高盛的要求比其他投资机构苛刻得多，但马云和蔡崇信在商量之后还是决定接受投资。一方面，它是美国最顶级的投资公司之一，市场号召力强，对阿里巴巴未来在全球获得投资和开拓市场都有帮助。另一方面，高盛规模大，投资历史久远，企业文化积淀深厚，会给阿里巴巴团队充分的信任和支持。

"守得云开见月明"。事实证明,马云谨慎看待融资第一步的态度,让他和投资商谈崩了38次,但只需要一次成功,他就请来了事业生涯中的"军师",也间接拿到了心仪已久的国外投资。当创业企业极其缺乏资金时,最忌讳"有奶便是娘"的心理,不能只要有人投钱就一概接受。创业者必须清楚地知道被他人投资可能产生的风险和后果。正如马云所说:

"我挑剔风险资金的程度,绝对不亚于风险资金挑剔项目,我比它们还过分一点儿。我建议大家以后创业,不要受控于资本意志,要学会倾听投资者、尊重投资者,但是最后做决策的时候,一定要自己拍板。"[1]

对于高速发展中的互联网创业公司,500万美金远远不够。蔡崇信又为马云介绍来另一个投资人——摩根士丹利投资公司的分析师库达先生。通过库达的引荐,马云获得了日本软银集团董事长孙正义的认可,并拿到了在阿里巴巴发展史上最为著名的2000万美元投资。

---

[1] 2000年12月15日,上海首届互联网网络推广展览会上接受采访.

第三章

铺路，让天下没有难做的生意

　　身为阿里巴巴的创始者，马云一开始就抓住全球最大的需求，也抓住时代所能赋予的最佳技术手段，将两者结合，谱写了阿里巴巴集团宏伟历史的开篇。坚守"让天下没有难做的生意"这一使命，马云将相关理念时时刻刻地贯注到个人的思考、公司的发展中，最终将成就阿里巴巴登上互联网和移动商务的全球领导地位。

初见曙光，"省钱"做服务

2000年，楼文胜带领三人，历经千辛万苦，拿下阿里巴巴第一个付费客户——江苏连云港翠苑食品有限公司。至此，阿里巴巴在运营一年之后，终于有了微薄而意义重大的营业收入。

此前的阿里巴巴，实际上正如同马云在长城上萌发的设想那样，以BBS论坛为范本，为所有用户提供免费服务。全世界的商人都能够在上面免费发布信息，包括最新样品图片，也可以在上面免费查找商业信息、贸易伙伴。

由于没有任何原始流量，阿里巴巴网站的启动就像漫漫冬日后长河冰冻的解封那样迟缓，从最初网页上每天只有十来条信息，到变成二十多条，很多天后才突破上百条，几个月之后，终于到达了每日数百条之多。这些需求信息，均由员工进行人工检测核实，确认基本可信后，才把它们放到网页上。当信息开始多起来，员工们就对其进行分类。这些信息源自客户并回馈给客户。

免费，此时是阿里巴巴创业初期最好的服务工具。20年前，在互联网电子商务领域内坚持整整一年免费服务,并不像今天的"烧钱"创业那样简单而直接。这既需要领导者高瞻远瞩的智慧,也需要团队坚忍不拔的毅力。

马云有一句著名的成功格言:

"我的成功源于一不懂技术二没钱,因为不懂技术所以更能接近和理解客户,因为没钱所以不乱花钱。"

为了帮助客户赚钱,马云身先士卒地教会员工和公司怎样省钱,让他的团队过惯"苦日子"。

创业初期,马云就向团队提出,回到杭州就要做好吃苦准备,连出租车也不能打。这个要求被严格执行了,每次外出工作,人们都遵循这一原则,尽量选择步行或坐公交。马云的妻子张英住在翠园,离办公室三公里,她连3块钱的人力车也不敢坐,夏天里满头大汗走来上班。

有一次,团队外出购买所需办公用品,由于购买的东西太多,马云破例同意了打车。这群未来的亿万富翁们站在马路边,等待有空载的出租车驶过,但没有人招手,反而让每一辆主动停下的桑塔纳出租车离开。最终,他们等到了一辆夏利出租车,才敢上车。那时,杭州桑塔纳出租车每公里要比夏利多收2元钱,这些钱,对于正处在资金异常紧张时期的阿里巴巴,也是能省则省的财富。

在员工工资和待遇上,免费期的阿里巴巴也是异常"抠门"。

创业初期,包括马云在内的每个人都只有500元月薪。位居十八罗汉之一的饶彤彤(英文名Tony),比蔡崇信入职稍早,在香港成长的他,那时已经是圈里小有名气的IT高手。因为父亲和马云是朋友,他遵照父命来到湖畔花园。马云热情地欢迎了他,随即告诉他500元的月薪条件。

Tony惊讶地张大嘴巴:"500美元?"马云淡定地说:"不,只有500元人民币。"Tony耸耸肩:"天哪,不够我给女朋友打电话用的。"说完他转身就走,马云也没有挽留他。不过,幸运的饶彤彤最终还是留了下来,因为他和阿里巴巴团队的工程师们交谈之后,觉得这里确实很有希望,也就甘心情愿地接受了500元月薪,并愉快地和其他工程师吃起了盒饭。

在那段时间,湖畔花园周围餐馆几乎没有不知道这间"黑网吧"的。一开始,团队订6元一份的盒饭,后来改成4元的,结果由于鸡块变质造成食物中毒,集体到医院打吊瓶。

这些人并非真的穷困潦倒,又何以心甘情愿如此节约?其实,这和马云为阿里巴巴设计的使命有着密切关系。

在马云看来,阿里巴巴的使命是为中小企业铺路,节省他们运营的成本,帮助他们更快地找到利润,更简单地做生意,并最终从中国走向世界。想要完成这样的使命,就要让数以万计的企业会员加入到阿里的网站来。这不仅需要阿里的网页信息内容足够"好",还需要用户参与产品体验的门槛足够"低",让那些精明到每一分钱都要算计着花的中小企业主,能够带着不会产生任何经济损失的感觉,放心地进入阿里巴巴所打造的网络电子商务世界。

从今天的角度来看,互联网创业者几乎都清楚:想要吸引客户的关注,免费几乎是绕不开的必然阶段。但如何看待免费?免费仅仅是收费的工具,还是根本只是一个噱头?这考验着创业领袖和团队如何看待自身的使命。

在马云看来,免费,是为了引导更多的中小企业主走上互联网商务的道路,是减去他们所承受的心理和经济压力,因此才需要主动将这份压力转嫁到团队身上。免费，是为了让创业团队能够更好地了解客户和市场的需要。

为此，创业公司在向市场提供免费体验的过程中，也需要保持艰苦朴素的精神面貌，这既是为了节约本身就至关重要的启动资金，也是为了能够在实际运营中更接近"中小企业主"这些客户的实际体验，成为他们中的一员，才能明确自己的使命。

正因如此，马云才会说出经典名言：

"免费的东西是世界上最昂贵的。"

这句话其实有两层含义：免费，有可能为企业获得未来广袤无垠的市场用户群，但也需要创始团队在起步阶段，怀有强烈的使命感与责任感，并能因此投入常人难以想象的艰辛付出。

值得一提的是，阿里巴巴"能省则省"的气质一直保持到融资成功之后。直到 2016 年，阿里才花完第一轮投资，第二轮投资则分文未动。尽管有了上千万的资金，直到现在，阿里巴巴公司也不去过多投入广告推广，也极少开国内新闻发布会。马云的口头禅是："广告如果是钱能做到的事，那还要做企业的人干吗？"

当然，单纯依靠节省和免费，无法支撑企业的战略。阿里巴巴未来究竟应该形成怎样的战略观点，又如何与马云胸中蓬勃欲出的企业使命结合？答案很快会伴随着投资的到来而揭晓。

疯狂扩张,清醒后明确使命

2000年初,阿里巴巴的利润逐渐攀升,并拿到高盛和软银的投资。一夜之间,苦尽甘来,马云和他的团队,从原本拮据的工作环境中脱身而出,摇身一变,成为财大气粗的"独角兽"。

钱,已经不再是问题。按照马云的指示,谢世煌选中了杭州华星大厦作为阿里巴巴的新办公地点。那时。阿里巴巴在民间的知名度依然不够高,而这栋大厦的产权人希望能租给名气更高的企业。谢世煌不得不花了一些力气说服对方,才租下了楼中的几间办公室。然而,这并没有实现马云的想法,马云认为,阿里巴巴必然要迅速扩张,应该趁现在租金不贵,将整栋大厦租下来。由于这个想法太过疯狂,同事们集体反对。最终,马云罕见地退让,同意只租下一层。到2000年6月,阿里巴巴员工人数突破了三百人,一层楼果然已经不够了,公司只能又付出更贵的租金,租下其他两层楼。

想要租整个一栋楼,只是马云"疯狂"的第一步。

拿到了孙正义2500万美元的巨额资金后,马云请来开发出雅虎搜索的吴炯,将技术方面的事务全部交给他。战略上,马云显得雄心勃勃,他喊出了更为"疯狂"的语录:"我们要一个个国家杀过去,先杀到南美,再杀到非洲……杀到纽约,把红旗插到华尔街——嘿,我们来了!"

没过多久,阿里总部搬到了中国香港,还在英国设立了办事处,在日本、中国台湾地区和韩国成立了合资公司。马云甚至在美国硅谷设立了科研中心。在这些机构,阿里巴巴开出高薪,从全球招揽了一批骨干人才,他们大多是跨国公司的高管人才,抑或毕业于名牌大学。尤其夺人眼球的是,马云将软银总裁孙正义请到阿里巴巴担任顾问,又邀请了前世贸组织总干事萨瑟兰担任高级顾问。这似乎正在实践着他创业之初对元老们所说的话:"你们只能当连长、排长,团级以上的干部,我得另请高明。"

所有的一切,都显示出了马云要扩张阿里巴巴的决心。这种决心,与马云对企业使命的关注密切相连。一直以来,他都不满足于只为中国的中小企业服务,而是期待阿里巴巴迅速改变全世界的商业格局。为此,马云甚至不惜要隐藏阿里巴巴的中国属性,他说:"我们要做的是一个世界顶级网站,如果一开始就大张旗鼓宣称这是中国人做的,等于自缚手脚。"

然而,这一切都在2000年10月份戛然而止。

这个月的前三天,马云和整个阿里巴巴的高管,在西湖西子宾馆召开了一次内部会议。会议室的气氛始终异常激烈,为了维持各自的结论,高管们个个坚持己见,分毫不让。

此时,阿里巴巴的分支机构遍布中国香港、美国、欧洲、韩国等13个国家和地区,每个月花费资金上百万美元,却没有一分钱收入。更严重的是，疯狂的对外扩张除了增加巨额成本，也加大了管理难度。阿里巴巴在短短一年中，从湖畔小区的创业公司成为一家跨国企业，员工来自全球，文化差异和利益冲突，让他们之间很难达成共识。

虽然阿里巴巴的账上还有700多万美元，但股东们的脸色已经变得越来越难看。有的股东甚至找到马云的妻子张英威胁说，如果阿里巴巴再不能盈利，就要让这个网站倒闭。马云听到的传言则更过分，有的媒体说，阿里巴巴能上《福布斯》是靠花钱运作的。还有舆论说，想让阿里巴巴成功，就像要把巨轮放到珠穆朗玛峰上那么难。甚至公司内部也有了私下传言，说阿里的这种B2B模式根本就不能算是电子商务。

面对这一切，马云审时度势，决定从疯狂的扩张中冷静下来。在三天会议结束时，马云和决策层做出了回到中国、回到沿海、回到中心的战略决定。这意味着公司将要全面收缩战线，进行裁撤，将公司业务中心重新放到沿海六省和杭州本部。

作出裁撤员工的决定，无疑是痛苦的，马云内心承受着煎熬的压力。但他将更多注意力放在思考问题究竟出现在哪里。他发现，金钱成本增加只是公司问题的一个方面，另一个危机，来源于公司内部的使命感模糊了。

在湖畔花园小区的一年中，公司内部也会出现不同的声音。马云允许大家拍桌子吵闹，但一旦定下来的事，所有人都会坚决服从。更重要的是，所有人都相信自己在为中国的企业迈向世界奉献力量，都相信这个小区里的公司承担着历史交托的重要任务。虽然那时候并没有成文的使命口号，但无疑是使命感引领着整个团队的方向。

现在呢？马云痛苦地想到，硅谷研发中心的那帮美国工程师，始终信奉技术第一，坚决要求将网站开发得更加完美；而在香港的阿里总部，则完全是另一种画风，出身跨国公司五百强企业的副总裁，高呼公司应该和资本起舞，立刻包装上市才是最重要的……

这样的争论，已经不是对具体问题的看法差异，而是每个人看待公司使命目标的天壤地别，是企业无法融合凝聚的标志！如果继续淡化使命感而无法统一目标，阿里巴巴距离倒闭将不到一年！

后来，马云如此评价过自己：

"我可能疯狂一点，但绝不愚蠢。"

马云的睿智让他在此时果断意识到问题所在，并亲手进行改正。

任何一家创业企业，在进入疯狂扩张阶段的同时，必须不断强化企业文化中的使命感。这需要领导者将原本为创业团队心知肚明的使命内容，凝聚为鲜明通俗的话语，然后拆分为运营环节中的具体目标，向每一个新加入公司的员工进行宣讲和灌输，确保他们能统一战略思维和行动方向。当每一个员工拥有了崇高的使命感，就不会只追求个人眼前的利益，公司也不会只是单纯在谋求利润，而是会在利润最大化的基础上承担历史与社会的责任。

可以说，使命感，是企业在生存下来之后谋求发展的精神支柱，是企业塑造核心竞争力的重要内在动力，是决定企业价值和方向的定盘星。同样，使命感也是用以凝聚整个企业的向心力、增强企业合力的工具。

马云坚信，公司此时需要收缩，但更需要受重塑使命感。这是因为他本人始终对阿里巴巴的B2B电商模式拥有强烈的使命感，他所追求的目标，正是让更多人接受这一商业模式，让更多人受益。而现在，他需要一个契机，将之凝聚成一句话，然后亲手融入公司的灵魂中。

冷静看战略，重拾初心

2001年，经历了公司疯狂扩张到冷静收缩的马云，早已拥有新的心境。多次登上《福布斯》杂志的他，应邀来到纽约参加世界经济论坛。在这里，他频繁接触世界500强的高管，从他们口中，马云听到最多的词语就是"使命感"和"价值观"。在当时的中国商界，这些词却几乎从未有人提起，如此鲜明的对比，加上阿里刚刚经历的一切，不禁让马云沉入思考。

在这里，马云参加了一位美国前总统和夫人举行的早餐会。马云与这对夫妇有了一次愉快的交流。

这位前总统说，美国确实在很多方面是世界的领导者和先行者，美国总统也是精英中的精英，这导致有时候整个国家和总统本人都不知道应该往哪里走，没有什么榜样能够用来效仿与追随。

"既然如此，"马云问道，"是什么让总统做出决定？"

对方略一沉吟，回答说："使命感，是这个国家和总统本人的使命感。"

正是这个回答，让马云感到此行非虚。他意识到，使命感的驱动价值，在于紧握掌管企业航向的舵盘。创业者或许无法在同一时间去注意到企业运行的每一个细节，但如果他能够将使命感融入团队的灵魂、组织的文化中，就能始终确保企业的发展有明确的方向。

从美国回来，马云又一次感受到差距所在。中国的互联网公司正在努力学习乃至效仿西方，不断将雅虎、亚马逊、美国在线这些国外大公司的模式搬回中国。在当时的国内环境中，无论是先进的互联网企业，还是更为保守的传统企业，"使命感"三个字所蕴含的真正内涵，还不是为人所接受。马云这样描述他感受到的落差：

"如果你谈使命感和价值观，他们认为你太虚了，不跟你谈。今天我们的企业缺乏这些，所以我们的企业老不会变大。"[1]

马云意识到，阿里巴巴应该果断摒弃老路子，坚定地走自己的道路，只有这样，才能避免再次犯下疯狂扩张的错误。于是他正式宣布：

"阿里巴巴只能跟着使命走。"

随后，马云进一步阐述了阿里巴巴的使命：

"现在名气最大的企业是GE，是通用电气。他们100年前最早是做电灯泡的，他们的使命是让全天下亮起来，这使得GE成为全球最大的电气公司。另外一家公司是迪士尼乐园，他们的使命是让全天下的人开心起来，这样的使命让迪士尼所拍的电影都是喜剧片。我们阿里巴巴在作这个决定的时候，我们的使命是让

---

[1]金错刀编著．马云管理日志［M］．北京：中信出版社，2009.04．

天下没有难做的生意！"

从此时开始，阿里巴巴正式确立了"让天下没有难做的生意"为使命，马云这样诠释看似简单的使命：

"我们要让中小企业真正赚到钱，让中小企业有更多的后继者。我们国家有十三四亿的人口，20年以后可能会有很多人因各种各样的原因而失业。我希望电子商务能够为更多的人提供就业机会。有就业机会，社会就会稳定，家庭就会稳定，事业就会有发展。"[1]

通过这样的诠释，"让天下没有难做的生意"，被赋予了比商业层面更高的社会意义。这份使命的意义，与国家、社会及无数家庭的命运联系到一起，从而让员工的使命感和责任感融为一体。马云对此总结说：

"每个企业都要承担责任，并将这份责任贯穿到企业的工作中去。企业的使命感不仅仅拥有统一思想、凝聚人心、统一行动、提高效率、减少交流成本、激发员工斗志的力量，它更是企业的血液、基因和品格。"

以此为指导，阿里巴巴在其发展历程中，不断强调"倾听客户的声音，满足客户的需求"。任何违背这个使命的事情，马云都不允许实行。每当阿里巴巴推出一款产品时，首要考虑的就是产品是否有利于广大客户的生意，是否能够推动企业实现使命。

马云后来如此描述使命感确定前后，阿里巴巴所发生的变化：

"我们提出让天下没有难做的生意以后，我们就将其作为阿

---

[1] 董智轩著.这才是阿里巴巴 谁才是阿里巴巴最想要的人才[M].北京：中国商业出版社，2013.11.

里巴巴推出任何服务和产品的唯一标准。我们以前曾经说,最少推出一款免费的产品,我们的工程师、产品设计师和销售时马上想到把免费搞得复杂一点,将来收费搞得简单一点就可以了。所以,我们的产品就越做越复杂。后来问我们的使命是什么,我们全体员工就说,天下没有难做的生意,那么为什么把产品搞得那么复杂?大家一下子就醒了,就把产品做得非常简单。让客户感觉越来越简单,把麻烦留给我们自己,这就是当时使命感的驱动。"[1]

优秀的企业使命,不能只是堂皇的口号,而是应该内化为员工在实际工作中的优秀品质与习惯。正是在使命感的影响下,阿里巴巴员工才有源源不断的动力,去对产品和服务进行优化,而不是只看到战略层面的盈利模式、利润分析等这些理论性的东西。

正因为阿里使命感的一头关系到万千中小企业的福祉,另一头牵扯着阿里巴巴团队的研发和执行细节,他们的工作才带有了温暖的人性化意味,确保中小企业客户的利益得到了最大化。在此过程中,阿里巴巴也赢得了广大客户与市场,实现了迅速崛起。

当阿里巴巴实现了海外扩张之后,马云继续充实这一伟大使命的内涵。他告诉员工,阿里巴巴能够为那些从事"中国制造"、缺乏实力、利润微薄而没有多少海外营销渠道的中小企业,提供更低成本和更高效率的对外贸易平台。这让员工对阿里的使命感体会得更为真切和深刻。

马云是一位伟大的企业家,但他并非生而知之的"外星人"。从建立阿里巴巴,到明确这家企业的使命,再到真正将之内化到企业员工的工作态度,最终形成企业深厚的积淀,马云与他的使

---

[1] 赵越编著. 左手马云 右手史玉柱[M]. 哈尔滨:哈尔滨出版社,2010.04.

命感陪伴全体阿里巴巴人，走过了十几年的时光。

　　从这样的传奇故事中，创业者能够看出使命感的深远意义与价值。真正的使命感，并不因为创始人是否位居一线、企业业绩是否上升而改变。真正融入企业基因的优秀使命感，会对组织中每个人的价值观和行为产生深远影响。因此，每个企业领导者都应该重新审视自我的使命感，并将之注入企业文化基因中，将之列为企业发展的首要战略。

赢取口碑，B2B 模式崛起

马云深知，"让天下没有难做的生意"，离不开广大中小企业客户对阿里巴巴运营模式从熟悉、了解到使用、肯定。如何让这家还藏在居民小区的公司，尽快在中国互联网上形成自己的品牌力量？在创业初期，这道思考题迫切需要马云给出答案。

今天的创业者，或许认定自己用一个"好故事"去打动投资方，再以铺天盖地的广告营销、红包引流等方式，不断增加客户数量，最终就能培养出客户的依赖性和忠诚度，让投资获得回报。

但是，企业的品牌价值并不等同于广告价值，好的品牌，绝非广告能够砸出来。想要实现阿里巴巴的使命，马云更愿意相信口碑的力量。

在阿里巴巴开始运营的第一年，马云曾经对员工如是说：

"在没有明确谁是客户，你能给客户带来什么独特的价值的时候，没有一个可持续的质量、团队、文化、广告只会给你带来知名度，但光有知名度往往带来的只是增加成本而不是效益。这个成本一定会转嫁到客户头上,客户没有必要也没有责任为看你的广告而付钱,凭什么因为你有知名度,我就买你的产品,更何况,客户还有更多更好的选择。"[1]

正因如此,阿里巴巴整个团队都知道不做广告,不仅是为了在初期时节约开支,而是避免整个企业产生对营销手段的过分依赖,从而将重心放在如何帮助客户、满足客户上,围绕着实现使命而努力工作。

在马云的影响下,阿里人从上到下,认清了一个现实:广告能带来更多的企业知名度。但企业的品牌,却需要有口碑支撑,需要有企业的品位和文化。做品牌,需要有充分的时间积淀,应该是长年累月坚持完成使命而悉心培养起来的。

2004年,马云在接受中央电视台采访时,阐述了对口碑价值的看法。他说:

"口碑才是王道。口碑相传,帮助客户成长,让他们去推荐,由客户推荐才是真的好的。我们从来没有去模仿别人,我们做的就是我们自己的。也许是错的,但是我们坚信自己做的是对的。也许我们所做的,和别人想的不一样,但是我们听客户的、听市场的。客户说往哪里去,我们一定就往哪里去,就像一开始我们并不知道自己做的是B2B,后来别人说了,我们这是B2B,我们才知道这是B2B。"

口碑之所以对阿里达成使命如此重要,在于互联网传播的能量与范围。

---

[1]葛永慧著. 马云管理课 中国首富的管理智慧[M]. 北京:中国法制出版社,2015.02.

美国著名传播学学者拉扎斯菲尔德所提出的多级传播理论指出，在现代信息社会中，由于社交媒体和自媒体的强大渠道，受众彼此之间的影响，反而会超过大众传媒对受众的影响。不仅如此，口碑相传，归根结底来源于人类喜爱分享信息的天性。对中小企业业主而言，他们日常在线下有着频繁的行业交流和人际交往，很容易将自己在市场中发现的最好和最不好的东西拿来分享。这些业主对于阿里而言，都是消费者，都有着同样的需求和感受，他们互相传递的信息也就更具有说服力。这样，当口碑力量越来越强大，追随阿里的中小企业就越多，阿里从起点到实现使命目标的距离也就越近。

那么，马云究竟如何在阿里巴巴崛起初期，就打造出稳定的口碑基础？其原因不外乎对核心模式的坚持。

有一个最好的反面例子：

8848，这家中国最早的B2C电子商务网站几乎和阿里巴巴同时开始创业运营，并在业界和公众中引起广泛关注。1999年第一季度结束时，8848网站总销售额达到220万元，销售商品总数超过15000种，平均每日交易笔数为171.43笔。

如果牢牢把握机会打造B2C核心业务，或许未来的电商格局将重新改写，京东、当当这些后起之秀甚至可能毫无机会。但遗憾的是，8848在起步关键时期出现了错误。从2000年3月份开始，8848开始拓展网上分销市场，这一举动最初只是为了弥补B2C业务不足的应力措施，但后来却引发了企业业务发展战略的重大转移。由于资本方的意志占据上风，8848进行了拆分，分别经营B2C和B2B业务，但这反而导致了投资者利益纷争和企业资金周转陷入困境。在这年冬天，昙花一现的8848轰然倒下。

谁也不能否认 8848 对电子商务的重要推动力量，但创始人王峻涛在谈到何以失败的原因后，沉痛地说道："根本原因，就是后来不做网络销售了，你从其他案例可以看到网络销售这个商业模式并没有失败。8848 后来的失败就是因为老在变，B2C 不做，去做 B2B，再过两天又去做别的……"

客观上看，在 8848 和阿里巴巴起家的时代，中国互联网用户群体并不够大，其中大多数人仍处于通过互联网获取新闻的初级阶段，对电子商务还持观望态度。而且电子商务的基础一穷二白，缺乏诚信系统、配送系统、支付系统等。

面对强大的经济周期和市场环境，创业者一旦找准商业模式，就要坚持下去。这不仅要看创业者是否有足够的个人毅力和决心，还要看他有没有能力去说服投资者、组织团队，共同围绕着核心商业模式深耕细作。只有专注于自己真正具备核心竞争力的事情，才能赢得客户坚定的口碑与信任。

反观马云，从 1999 年建立阿里巴巴，直到 2004 年，整个公司都围绕 B2B 核心业务，专注于信息流领域，打造一流的信息服务平台。这种专注，让卖家和买家中小企业能够通过线上方式，进行咨询与协作，实现"meet at alibaba"（相会在阿里巴巴）。通过对该模式口碑的集中塑造和营销，阿里巴巴在五年之间将会员扩大到 600 余万，"会员费+增值服务"的特色模式，让阿里巴巴在 2004 年实现了盈利 7386 万元的良好业绩。

2004 年 9 月起，阿里巴巴 B2B 业务进入高速发展期。但马云依然执着地继续围绕 B2B 商业模式打造该公司的品牌口碑，他果断提出了"work at alibaba"（工作在阿里巴巴）的口号。这个口号并不是对阿里巴巴 B2B 业务重心的改变，而是对业务范围的扩大。例如，从 2007 年开始，依据客户在阿里巴巴 B2B 平台上的交易记录、诚信记录、客户评价满意度记录等数据，阿里巴巴与银行合作，推出阿里贷款业务，帮助更多中小企业用户解决融资难问题，并进一步推动 B2B 事业发展。反过来，从这项业务中获取实惠的企业，又成为铸造阿里口碑的新力量。

除了对核心商业模式的坚持外，马云本人也是塑造品牌口碑的重要源头力量。从 1999 年到 2000 年之间，马云不停在空中飞行，参加全世界各地尤其是经济发达国家的所有商业论坛，宣传阿里巴巴面向中小企业的新 B2B 模式。他每到一个地方，总是会不停演讲，对台下的听众大声疾呼：

"电子商务模式，最终将改变全球几千万商人的生意方式，从而改变全球几十亿人的生活！"

在这段时间内，他创造了一周内跑七个国家，一个月往返三趟欧洲的飞行纪录。

一个人如果只能在别人的引导下前行，这个人将永远无法成熟，一个企业也同样如此。因此，如果创业者认清自己的使命是正确的，就要集中一切资源坚持下去。如此，才能看到成功与胜利的机会。

在坚持核心商业模式、打造品牌口碑的过程中，马云怀着服务广大中小企业的使命感，坚定地掀起了冲击固有模式的电子商务革命。

解决痛点,"诚信通"横空出世

对于当代企业经营者而言,互联网的颠覆思维,为冲击旧有的商业模式提供了最好的创意武器。马云最早意识到,在实现使命的道路上,并没有什么难以逾越的大山,关键是以怎样的姿态,去解决客户固有的痛点。

阿里巴巴之所以敢于向痛点动手,在于其独有的产品和服务功能基础:

首先,阿里巴巴的电子商务业务集中于B2B的信息流。马云将大量的市场供求信息集中在同一个网站中,让企业用户可以最高效地获取信息和服务。其次,阿里巴巴针对不同国家,采用不同语言,以本土化网站建设方式营造便利性和亲和力,将各国市场有机融为一体,以至于当阿里巴巴扬名世界时,很多欧美企业面对其全英文的网页,还以为这又是一家创新的美国企业。再次,在阿里巴巴的发展初期,马云果断地打破了西方电商模式的入门收费制度,而是降低会员准入门槛,以免费会员制来吸引企业登陆平台、注册会员。大量的会员基数，确保了他们在浏览和使用信息的同时，也能无偿提供源源不断的信息流和商机。

有了这些，就为阿里开展"诚信通"有偿服务带来了机会。

在开发阿里巴巴网站之初，马云就用精辟的语言指出了中小企业贸易的需求痛点，他说：

"诚信，是电子商务一定要过的独木桥，一个网站上人再多，但是一个不诚信的网站是不中用的。"

从传统商业活动流程来看，在过去或互联网电子商务萌芽阶段，企业想要和一位陌生客户做生意，可能得到企业所在地的政府主管单位查询客户的基本数据——而想要查对方是否有经济上的不良记录，就得到金融单位去查。即便真的做到这些，对交易对方的诚信表现也依然难窥全貌。

有鉴于此，阿里巴巴在2002年推出"诚信通"。这款收费工具向注册会员提供第三方对其的评估以及在阿里巴巴的交易诚信记录，包括企业身份认证、证书及荣誉、资信参考人、阿里活动记录和会员评价。其中前三个是买卖双方在交易前会想知道的背景资料，第四个则是买卖双方在交易中的记录，第五个则是交易对手在交易完成之后给予企业的评价。

由于数据覆盖广泛，诚信通使得交易双方可以轻松地了解对方的商业信誉记录，避免在交易中上当的可能。

今天看来，诚信通其实是一种网络化的第三方评估结果公示系统。该系统对国内企业的认证是与政府相关部门合作，国外企业的认证则与邓白氏、ACP、华夏、新华信等国际商业认证机构合作。由于选择了国际征信机构，阿里巴巴的会员除了少数几个国家之外，对全球各国的企业征信都涵盖到了。

马云自信地认为，诚信通在相当程度上解决了中国商界甚至社会风气中多年的信任缺失问题。他说："阿里巴巴为什么把自己的产品叫做诚信通，不叫 VIP 会员……其实中国人诚信不差，中国商界诚信也不差……但我们都是防别人，永远担心别人，所以我们总感觉坏人多，其实没有多少坏人……"

诚信通要解决的并不是"坏人作恶"的问题，而是如何让"好人互信"。这是由于马云精明地看到，当时困扰中国中小企业选择互联网贸易的症结，不在于骗子太多，而在于如何让企业相信双方交易能得到保障。因此，他确信诚信通是对交易信任机制的有力强化，并为此全力推行这一工具系统。

到 2004 年，诚信通已经被广为接受。马云在这一年的演讲中总结说：

"三年前我要推诚信通的时候，无论是公司内部和外部，他们说马云你在开玩笑。2300 块就可以诚信了吗？而且那个时候我压力是很大的。在公司开会的时候，我做了一个决定，如果我们推诚信通，我愿意去接受诚信中的考核吗……哪怕我们阿里巴巴只有两个诚信通会员，我自己也要去做一个诚信通会员。所以后来我们一直走下去，我们的会员越来越多。"

根据当时针对阿里巴巴诚信通平台客户的调查显示，使用诚信通后，67% 的企业合作伙伴增多，58% 的企业客户比原来有了大幅度增加。尤其重要的是，相比免费会员，诚信通会员在阿里平台上完成的交易更多、收益更大，与此相比，一年 2300 元的付出也就并不为多。诚信通解决了中小企业的痛点，减少了沟通和信任的成本，也为阿里巴巴的初步盈利发挥了重要作用。

如果说，"免费"降低了完成使命的门槛，"深耕"保证了完成使命的时间，那么着手解决"痛点"，就是阿里巴巴真正开始完成使命、"让天下没有难做的生意"的过程。正是通过诚信通以及随后推出的"中国供应商"会员，以及未来将推出的支付宝、网商银行等项目，马云填补了传统经济环境与商业模式中始终缺失的安全、信任因素，消弭了横亘在无数中小企业发展道路上的鸿沟。

用户占据主导地位的消费市场中，谁能够利用创新去解决用户的痛点，谁就能吸引和留住用户，谁就可以顺利实现成倍的增长，也就能因此在激烈的竞争中取得先机。只有真正为了实现使命感而奋斗的企业家，才会以前瞻性的战略眼光，去准确把握未来商业市场的需求变化，同时洞察当下环境中的所有问题，而这一切的先决条件，在于创业者拥有一颗因使命而强大的心脏，去清醒地

"明白自己有什么、明白自己要什么、明白自己放弃什么……"，并主动赋予企业"基于使命感的持久创新力"。[1]

在强调创新求变的互联网时代里，任何企业的发展都离不开对客户需求的满足。这就需要创业者拥有强烈的社会使命意识和长远的战略眼光，能够不在意一时得失，将企业使命融入运营环节，真正为客户和社会创造价值。这样，才能拥有持久激情，得到更多认同。

---

[1] 2011年，马云出席清华创新论坛的演讲

第四章

不崇尚关系，而要崇尚能力

相比同时代的诸多企业家，马云的背景可谓简单。其创业成功的因素，更多归功于个人的眼光、胆识和能力，这使得他在经营阿里巴巴时，更推崇员工的能力而非关系。

能力推崇，本质上是对价值的推崇。经营好一家企业，首先应该从公平、公正、公开地评价和运用员工的个人价值开始。

再见 MBA，用"草根"做大事

与许多成功的中国企业家一样，马云对于人才的看法，也经历过曲折的发展变化。

2000年7月29日，在香港一个发布会上，有位记者问马云最崇拜的偶像是谁。马云说："金庸。"会后，一位资深香港记者，通过朋友约来了金庸与马云见面。

马云听说能见到金庸，激动得手舞足蹈。原本说好只谈一个小时，没想到马云滔滔不绝聊了三个小时。谈话结束后，金庸挥毫泼墨写了一幅字送给马云："神交已久，一见如故。"几天之后，金庸应马云邀请来到杭州的阿里巴巴参观，并再次写下一幅字："善用人才，乃大领袖成功之要旨也，此乃刘邦、刘备之所以成功，望马云兄长勉之。"

马云对这幅题字赞叹有加，立刻将之挂在自己办公桌面前。马云说："天天看到这个，也是对自己的一种提醒。"

在阿里巴巴全球扩张受挫之后，马云很快从这幅字中领略到用人之道重在能力。

当初，阿里巴巴获得高盛和软银的风险投资后，马云和许多互联网企业一样，积极地从美国、欧洲、中国香港引进大量MBA精英团队。其中既有哈佛、沃顿、斯坦福等学校的MBA，也有国内清华北大毕业的MBA。后来，马云才发现，太多的精英集中在一起并不是好事，反而打乱了企业的团队文化和精神基因，造成人为的价值降低。于是，在果断选择回归中国的同时，马云也请来关明生，将95%的MBA请出了阿里巴巴。

马云并不是无视MBA的知识体系价值，而是从企业发展的挫折中认识到，不能将MBA看成解决问题的灵丹妙药，在用人的眼光上，更不能被其所桎梏。此后，马云专门将四个同事送回MBA商学院学习，其中一个去了哈佛，另外三个去了沃顿商学院。马云对他们说："你回来时，告诉我忘了MBA教的一切，你毕业了。如果还是条条框框，你没有毕业，继续回去学。MBA学了两年后，还要起码花半年时间去忘掉MBA学习的东西，那才是真正成功了。"

2002年，马云开除MBA的事情传到了舆论之中，有专家学者和马云就这个问题展开了辩论。

马云说："首先我承认，我水平比较差，95%的MBA都被我开除掉了，难道他们就没有错吗？怎么可能95%都被我开除掉？肯定有错。因为这些MBA一进来跟你讲年薪至少10万，一讲都是战略，每次你听那些专家和MBA讲时热血沸腾，然后做的时候你都不知道从哪儿做起。"

马云又指出了某些精英人士身上存在的严重缺陷："进商学院首先学什么？作为一个企业家，小企业家成功靠精明，中企业家成功靠管理，大企业家成功靠做人。因此，商业教育培育MBA人士，首先要教的是做人。有些MBA人士的基本礼节、专业精神、敬业精神都很糟糕。这些人一进阿里巴巴就好像是来管人的。他们一进来，就要把前面的企业家的东西都给推翻。

马云直言不讳自己在用人取向上犯下了错误："MBA人士用在阿里巴巴，就好比把飞机的引擎装在了拖拉机上一样，最终还是飞不起来，我们在初期确实犯了这样的错。那些职业经理人管理水平确实很高，但是不合适。公司当时的发展水平还容不下这样的人。"

客观上看，马云所开除的MBA中，绝大多数都确实是有知识、有价值的。但他们的高学历和精英意识，又导致他们在进入企业之后，不顾阿里巴巴的使命、价值观与团队精神，耗费时日来讨论战略、分析案例，进行"内斗与空谈"，却不愿意做一件具体的事情。当马云逼着他们去做销售，用实际业绩考察他们的时候，很多人都无法创造价值，最终败下阵来。

在当时，阿里巴巴员工的平均年龄仅为26岁，很多都只是不知名高校的毕业生。他们本身并不是精英，也不需要精英团队来领导他们，只需要有人吸收和学习马云的思想理念，然后将之转化为正确的做事方法。正因如此，马云在当时做出了"阿里巴巴不欢迎职业经理人"的论断，并坚决加以实施。

实际上，没有一个企业是依靠个别天才而赢得竞争胜利的。商场并非学术界。学术领域中，寥若成星的天才可能凭借个人的努力，达到他人难以企及的研究高度。而企业想要获得成功，就必须要组织大量平凡普通的员工，超水平地做好工作、发挥价值。因此，企业家必须在扩大企业的过程中，注意避免那种"唯出身论""唯学历论"的用人观、择人观，而是将所有人放在同一起跑线，衡量他们能够为企业带来什么样的变化。只有这样，企业团队的价值追求才会积极健康、稳定向上。正如马云所说："我们公司的员工都是平凡人，很多平凡的人在一起，做不平凡的事……如果你认为你是英雄，你是不平凡的，请你离开我们。"

花钱育人,阿里巴巴初建"大学"

从 2001 年到 2003 年,互联网寒流持续侵袭,全世界许多曾经风光无限的互联网企业都一败涂地。阿里巴巴虽然全力撤退,但"整风"运动中对 MBA 的清理,不可避免地造成了悲观情绪在员工群体内蔓延。很多人担心,既然 MBA 这样的精英都无法适应这家企业,自己是不是能撑到春暖花开的那一天?为了振奋军心,马云提出了"坚持到底就是胜利""坚信网络一定会火起来"的口号。

但是,只有口号还是不够的。通过企业体质的再造,以集体培训课程来塑造阿里巴巴员工的管理与业务能力,更是除了"整风"之外的当务之急。马云将这种集体培训课程命名为"抗日军政大学"和"南泥湾开垦"。

马云说:"阿里巴巴要在三年以内培养出一批人才。人是最关键的产品,所以,我们要在三年内锻炼我们的队伍。我们盼望着三年内培养出最优秀的互联网员工……我们认为,与其把钱存在银行,不如把钱投在员工身上,我们坚信员工不成长,企业是不会成长的。"

马云深知，员工的能力不可能是天赋的，在确保使命感和价值观统一的前提下，想要让员工创造更多的业绩，就要通过花钱投入培训，将阿里巴巴创业时灵活多样的"游击队"，变成能够在激烈竞争中打硬仗的正规军。马云更清楚，一个企业的成功固然离不开机会的青睐，但在机会来临之前，必须要训练一群能抓住机会进行实践的管理干部。因此，马云才愿意在市场最低迷、阿里巴巴还在亏损的情况下，依然投资人民币100万元，用于"抗日军政大学"和"南泥湾开垦"。

2001年4月，对干部的培训正式开始。培训进度是先培训基层主管，然后向上到中高层主管，最后是关明生和马云等人。当时，厦门、青岛、深圳、宁波、上海、北京各个办事处的人，都要到杭州接受一个月的业务培训课程。这个培训班基本上一半讲授价值观，一般讲销售技巧。马云和关明生主讲价值观、公司方向，彭蕾、李琪、金建杭、张英讲阿里巴巴的历史，李旭晖和孙彤宇讲产品和销售技巧。通过培训，员工了解到阿里巴巴的使命和价值观，了解公司的历史，也学习到了将产品和服务销售出去的方法，信心和能力都大为提高。

马云打了一个比方来说明员工能力培训的重要性。他说，一般企业的业务人员受到的训练，是想办法把客户口袋里看得到的50元赚到手，但通过"抗日军政大学"和"南泥湾开垦"，阿里巴巴的员工最终能够帮助客户将口袋里的50元变成500元，阿里巴巴则只拿到应得的50元。这样虽然看起来很累，但能够为客户带去真正的价值，也能让企业实现应有的目标。正因如此，对员工的能力要求就会高于一般企业，教育培训方式也同传统的业务训练迥异，并花费更多的资源与时间。

其实，不只是阿里对员工的培训需要投入资源，只要是通过企业内部培训来提高员工专业素质和实际能力，都会付出人力、物力、财力以及时间等多项宝贵资源，甚至经常会和企业实际工作任务产生冲突。因此，在很多企业老板那里，员工能力培训变成了"说起来重要、办起来次要、忙起来不要"的口号而已，导致许多员工无法系统接触到新事物、新方法和新观念，无法提升整个组织的能力。

但马云即便在网络寒冬中，也没有吝惜过对员工能力的培训投入。此后，当阿里巴巴逐步壮大时，他又投资成立了阿里学院，用于对客户和员工的共同培养。他说："一个公司要成长，主要取决于两样东西的成长。一是员工的成长，一是客户的成长。我们自己成立了阿里学院，主要目的也是培训员工、培训客户。"

马云清楚，只有通过有效培训，才能促进员工和企业之间的双向沟通，塑造出健康向上的企业文化，培养员工的正确价值观。而在盈利层面上来看，培训也能让员工的综合素质得到提升，进而提高客户的满意度。对此，他有坚定的决心，也有充分的耐心："人才，是可以培养出来的。什么是'培'？就是多关注他，但也不能天天去关注，因为一棵树，水多了死，水少了也死，如何关注也是艺术。什么是'养'？就是给他失败的机会，给他成功的机会，你要看着，不能让他伤筋动骨，不能让他一辈子喘不过气来。"

这样的培养，固然需要花费企业的财富。但马云对此看得很透彻："我们认为，与其把钱存在银行里，不如把钱投在员工身上，我们坚信员工不成长，企业是不会成长的。"

今天，阿里巴巴对员工能力和素养的看重，促使他们建立了系统而广泛的培训体系，覆盖了公司包括保安在内的所有员工。其中，新员工培训分为销售和非销售员工的培训；岗位技能培训分为专业技能培训和通用技能培训；管理人员培训则俗称为3A课程，即阿里巴巴管理技能计划、阿里巴巴管理发展计划和阿里巴巴领导力发展计划。

正是在这样严格而无微不至的培训下，这一群那时还不算成熟的年轻人，帮助阿里巴巴这个初生的公司度过了严酷的时间段，创造出属于阿里巴巴的奇迹。"中供铁军"，就是其中最有代表性的力量，这支阿里巴巴最初的销售员力量，以市场摸爬滚打和课程培训中综合锤炼得来的出众能力，用漂亮的业绩，有力诠释了马云注重培训的经营理念。

直销铁军，执行力换企业未来

2000年底，阿里开始招聘员工，组建一支30人的直销团队。后来，这个团队扩充到80人。公司在招募直销员时，要求企业文化第一、价值观第一，然后才是能力。

按照普通情况，时值用人之际，直销团队招聘应该更多考虑那些有销售经验、手中有客户的人。但马云依然认为价值观比销售经验重要。因为价值观会决定员工如何发挥自己的能力。他说："你可以带来客户，也可以带走客户，如果你不能接受阿里巴巴的价值观，不能和阿里巴巴的团队配合，即便你能带来100万元的销售收入，阿里巴巴也不要。"

直销团队的新进销售员工，都要接受名为"百年大计"的新生培训。在受训阶段，新员工会学习文化价值观、产品知识和销售技能。时隔多年，这些员工虽然已经成长为各行各业的精英人物，依然觉得这次培训很大程度上改变了他们的未来。

为了让直销员工能够更好地发挥能力、实现业绩，马云要求团队将整个销售过程划分成为精细的流程,从销售初步接洽客户到签订合同与回款,直销员工只需按照步骤操作即可。

首先,阿里的客户关系管理系统会将线索池中的销售线索分给销售,如果在特定时间内销售未能跟进,线索就会被收回,并分配给其他同事。这样,直销员工就会面临着一定的压力,当他们拿到线索之后,必须立刻跟进,或者将之转换为客户,或者将线索予以关闭。

为了确保线索分配是合理的。马云要求每个销售人员每天都应分到30—50个客户。如果销售人员认为某些销售线索可能有更高的成单性,可以申请获得这条线索,但同时也需要从自己的线索池中退回对应数量的客户线索。

毫无疑问,在许多企业中,能力要求最严格的部门是销售。对销售员工,企业高层往往倾注了更多的期待,投入了更多的资源,希望能够得到实际的回报。然而,销售团队执行能力的打造并非一朝一夕就能见效,这又导致不少企业追求"立竿见影",而将招聘和用人眼光集中在那些有"特别关系"的销售人员身上。一旦发现这样的员工,就对他们分配特殊的客户资源,给予不同的待遇,甚至不惜破坏整个销售团队的公平氛围。

但马云并不主张这种唯关系的用人方式,在阿里巴巴早期直销员队伍管理中,他采用的客户池方法,使得销售人员能够集中精力到自身能力的锻炼和提高上。他让那些没有任何资源积累的销售新人,能够从今销售线索池中公平提取线索,杜绝了"销售大神"大包大揽,导致新人销售无从锻炼和提高的情况。同时,也能让所有销售人员拥有同等的工作资源,集中个人能力去"攻破"

最可能成单的潜在客户,提高成单概率。

正因马云提供了公平的竞争与成长环境,再加上充满吸引力的低底薪和高提成政策,整个直销员队伍的员工始终斗志昂扬。从直销员中成长为阿里资深元老的俞朝翎回忆那时的销售工作经历说:"大家都是穷鬼。前半个月把钱花完了,后半个月吃豆腐乳拌饭。小单人床,两张一拼,睡在一个房间里。客厅里有时候也要睡人。一间屋子最多的时候住了七八个人。夏天,我们热得在天台上散步。蚊子咬得浑身都是块。买不起蚊香,就拿大蒲扇子扇。"

即便是这样的生活条件下,员工依然能在马云的领导下,爆发出令人震撼的执行能力。在业绩增长最疯狂的时候,这支电商直销"铁军"平均每天每个人打500通电话,上千个业务员,一年能够创造出10多亿的业绩。

正因为直销团队员工有了这样的执行力,阿里巴巴才挺过了最困难的2001—2002年,到2002年底,他们实现了全年盈利为正的目标。后来,马云曾将阿里巴巴称为"一支执行队伍而非想法队伍"。他说:"孙正义跟我有同一个观念,我们俩在东京讲过,一个方案是'一流的Idea加三流的实施';另外一个方案,'一流的实施,三流的Idea'。哪个好?"我们俩同时选择'一流的实施,三流的Idea'。

当然,阿里直销铁军的强大执行能力,既离不开马云为之制定的整体运行策略,也少不了阿里巴巴价值观带动下形成的团队内部氛围。而这一氛围可以归结为:思想单纯、奖罚分明、管理严格、执行到位。

阿里直销铁军的成员大都来自普通家庭，毕业院校也只是普通大学，再加上阿里对价值观的考察和甄别，将钩心斗角、办公室政治等降低能力运用效率的因素完全排除。因此，这支直销铁军的内部环境越来越单纯，每个人想到的都是将销售业绩提升上去，员工甚至不惜为此和上级争论、拍桌子，但也同样不会被穿小鞋。至于执行到位的原因，则在于直销铁军内部抓住每一步过程，向新人传授方法、逻辑、体系，此外，也会要求员工令行禁止、有奖有罚，确保员工的工作有明确目的和步骤，并逐步形成良好的执行能力。

一家业绩长青的企业，无一不拥有强大的销售队伍。而如何运用销售员工的能力，使之不断为企业带来成长的动力，则考验着企业家的眼光、智慧与能力。企业家是应该片面、短视地去判断一个人、一支团队的价值？还是采用科学态度、正确方法，去建造激活每个人潜在能力的团队环境？马云给出的答案，可以用他的一句话来概括：

"这个世界，不是因为你能做什么，而是你该做什么。"[1]

---

[1] 刘子仲编著. 他们是商界领袖 创业奇才的人生［M］. 北京：中国三峡出版社，2010.01.

寒冬凛冽，却绝不做桌下交易

企业家推崇创造价值，更喜欢那些能够创造价值的员工。然而，在道德与价值面前，谁更具有吸引力？在市场无情的竞争法则和纸面上的商业规则之间，谁更具有权威性？马云对这个问题做出的选择是：永远不进行桌下交易。

2001年，阿里巴巴正从互联网寒冬中挣扎求生。此时，发生了一件对日后影响重大的争论。当时，有员工向马云报告，一家企业想要同阿里巴巴进行合作，成为"中国供应商"会员，开设自己的网页。但是，相关部门负责人提出，要拿20%的回扣，总价2万块钱左右。否则，这个项目就无法达成协议。

究竟是否要给出这样的回扣？有的人说，可以考虑，因为企业正在经历亏损，如果不能达成协议，就会损失一笔很不错的收入。也有人沉默不语，认为阿里巴巴从来没有做过类似的事情。

马云听完所有人的争论，思考了一下，然后说道："不给20%的回扣，人家不跟你做生意。但是给了回扣以后，又让我违背了我的价值观,也违背我们这些人的价值观。我们认为,大家都在反腐败,如果你是小企业家或小企业主,你让你的手下去跟别人做生意,你给他4万块钱,结果你手下拿走了其中3000块钱的回扣,你心里怎么想?你会特懊恼。所以,我觉得我们应该站在客户利益上面来问:要不要回扣?"

马云的话让大家沉默了。每个人都在思考同样的问题:给回扣,我们有营业额;不给回扣,我们公司今年想要盈利就困难……有人依然不同意马云的看法,但也有人表示从长远看,马云是对的。

在长达一天的争论后,马云终于说服了所有人,大家都同意坚决不给回扣。马云总结说:"很高兴看到我们公司做出重要的决定,谁给客户一分钱回扣,不管他是谁,请他立刻离开我们公司。"

在当时的环境下,马云说服创业伙伴,做出这样的决定,不可谓不困难。但这次争议之后,阿里巴巴也就此形成了一道高压线,那就是这家企业无论面对什么样的生意,都不能给客户回扣。在业务开始之前,销售员凭借能力去展示产品和服务的价值,去吸引和说服客户。在合作开始之后,阿里巴巴用企业的资源和能力,投入到做更好的服务、提供更好的产品上去。

马云后来回忆说:"当时我们做这个决定,我们为此也辞退了很多当时所谓优秀的销售人员。这个没有办法,但正是因为这样,你让你员工训练的时候必须按照这样一个途径去走。"

此后,马云将员工是否给客户回扣作为重要的问题目标,放在公司价值观的高度上进行考察。他认为,通过给回扣拿到订单的员工,本身既是在欺骗公司,也是在欺骗客户,没有凭借真正能力去为公司带来虚假的业绩,单凭这一点,就无法留在阿里巴巴。因此他表示:

"新来的员工业绩不好,没关系。如果违背我们的价值观去欺骗客户,好,你就一句话都不要讲了。不要你说,我也要开除你了。"[1]

由于马云的坚决态度,不久之后,"不给回扣"成为阿里巴巴独特的品牌吸引力。中小企业主们因此对他们更为放心。这些多年来摸爬滚打在市场一线的商人们清楚,在当时的市场环境下,敢于公开喊出"不给回扣"的企业,一定会将资金、精力倾注在如何提高为客户服务的能力上,集中在产品的品质上,而不是如何用关系运作去赚取客户钱包中本来就不多的资金。

不久,"永不进行桌下交易"将作为阿里巴巴价值观的具体描述,写入这家企业的文化传承基因中。或许,在定下这条规矩之时,马云脑海中并没有完整的对员工和企业整体价值取向的描述,但他身上那种传统知识分子所特有的道德准则,以及他个人对"侠义"精神的追求,对"做102年企业"愿景的无限憧憬,使得他在短期业绩和长期能力之间,做出了坚定的选择。

实际上,每一家企业的发展历程中,都可能有过类似时刻。那些愿意违背市场准则谋求短期利益的企业家,在作出最初的错误决定时,就已经在未来的发展道路上埋下了滴滴作响的定时炸弹。相反,真正具备勇气的人,才会像马云那样,主动为员工和企业戴上"枷锁",这幅枷锁犹如利剑的剑鞘,它带来的并非自由的丧失,而是精神的升华、长远的安全。正是拥有了剑鞘的保护,阿里人的锋刃所过之处,无不熠熠生辉。

---

[1] 朱甫著. 做内心强大的自己 马云的正能量 [M]. 深圳:海天出版社,2013.08.

"跳湖"赌局，激情是熊熊火种

2004年2月7日，杭州西湖边寒风阵阵，残雪还覆盖着远处的断桥。在灰蒙蒙的天空下，偶尔经过的路人无不缩起肩膀，躲在厚重的棉衣里，抵挡着刺骨的冷空气。

在稀疏的行人中，一群年轻的身影，沿着岸边跑来，看起来宛如高校晨练的队伍。为首的那个男人正逐渐放慢速度，最后站到了西湖边。他身着简单的T恤和短裤，显得与季节格格不入。还没有等身边吃惊的行人回过神来，他三下五除二脱去了衣服，只剩下泳裤，然后"扑通"一声跳下了湖里。随后，他身边的两个男人，也以同样的装束跳进湖中。

不一会儿，那个最先跳湖的小伙子，在水中露出头来。他脸色通红，用冻得发抖的声音高喊："马总！准备请我吃饭！"

岸上与他同来的几个年轻人，早已笑得不亦乐乎。有人拿出相机为他拍照，有人摸出电话："喂，喂，公司吗！对，他小子真地跳西湖啦！"而马云则露出了赞赏的笑容,随即不无关切地说：

"快上来吧！湖水太冷了！"

这个年轻人名叫贺学友，他是阿里巴巴的优秀员工。究竟是什么让他在马云面前，做出如此的"行为艺术"？事情要从2003年初，发生在阿里巴巴年会上的一次"豪赌"讲起。

2002年，阿里巴巴首次实现了盈利，象征着这家新生的公司已经熬过互联网的冬天，如同经受了风霜摧残而依然顽强的小树，即将再次迎来盎然的春意。于是，在2003年初的员工狂欢节上，马云和优秀销售员工贺学友打了一个赌，他说："贺学友，2003年，你给我达到365万元的销售额，一天一万元，续签率达到78%。两个指标都做到，你可以提任何要求，我可以在任何城市请你吃饭；做不到，你就沿着西湖跑一圈，然后跳下去。"

贺学友不知道哪里来的豪情壮志，想都没想，当场就答应了这个赌约。等年会结束，他才感到有点紧张，但想了想，就立即制订出团队计划和个人计划。团队的目标是1000万元，个人目标是588万元，这个数字远远大于和马云打赌的365万元。

有了目标后，贺学友将588万元细分到每一天，并制作成表格贴在住处的墙上，每天都要提醒自己必须完成多少。遇到挫折时，他就去听磁带、上培训班，和同事交流，去买书学习。一年内，光是与市场销售直接相关的书，贺学友就看了60多本。

功夫不负有心人。到年底，贺学友的业绩达到630多万，比马云提出的目标要高出265万元。遗憾的是，客户续签率没有达到78%。

马云说："你最后差了2%，功不可抵过。请你吃饭，我照请不误，但西湖你一定要跳。"如此，就出现了西湖边的那一幕——不仅贺学友选择跳湖，而且他的两个经理也毅然陪他一起跳湖。

他们的行为，让过往行人看得目瞪口呆。大家都以为，大冬天跳西湖肯定是惩罚，但他们不会想到，跳湖的人是阿里巴巴销售冠军。

企业想要在竞争中活下来，必须要引燃每个员工的潜在能力，而能够点燃潜力的最佳火种，是员工自身的激情。所谓激情，就是在顺风发展时，员工能够始终以高标准、严要求来看待自己的工作，对自己的工作成绩有充分的期盼。而在逆风前行时，他们又能以微笑来面对困难，以乐观心态来完成协作。如果企业家能够给员工传递如此的激情，员工才会始终拥有充沛的正能量，向企业回馈以业绩与希望。

在阿里巴巴，拥有这种"不完成任务就跳湖"激情的人，远不止贺学友一个。虽然那时的互联网行业刚刚经历了大萧条，但在阿里，根本感受不到一丝一毫的落寞气息，反而只有热火朝天的努力精神，这种精神甚至感染到了员工的家人。

《21世纪经济报道》曾这样报道："魔力还蔓延到与阿里巴巴雇员朝夕相处的亲人。马云习惯不定时邀请雇员的亲属到公司'视察'，大部分人在走出大门后，会对'枕边人'感慨——'加油干吧，以后就靠你了。'曾有一位以抱怨"丈夫工作过于拼命"著称的妻子，最后在阿里巴巴员工大会时跌跌撞撞冲上了主席台："我想感谢你们，我很荣幸将丈夫交给了阿里。"

阿里巴巴看重能力，更看重点燃能力的激情。一家企业所需要的激情不是短暂的，那种激情只能带来浮躁心态和不切实际的幻觉，而永恒、持久、真诚的激情，才能在企业内部形成充分的沟通与互动，产生更良好的工作氛围，造就出一个团结向上、努力拼搏的集体。

对此，马云如是说：

"阿里巴巴有一批有激情有理想的年轻人聚在一起,想创建一家伟大的公司。这件事从未有人做过,要逐渐地完善,需要所有人的配合。年轻的团队容易产生激情,但更容易因挫折而失去激情。在兵荒马乱时期的激情对一支年轻的团队而言尤为艰难。但艰难时期更需要激情,从工农红军到1949年全国解放,共产党凭着坚强的信念和永不放弃的激情取得了成功。激情应该是永远留在心中的!"

他又说道:

"永不言败,永不放弃,不仅是对公司而言,更是对公司里的每个同事而言,是对自己人生和职业生涯的一种态度。一个有追求的人会不断唤醒自己的激情,并用自己的激情去影响四周的人;得过且过不是阿里人崇尚的作风!一个最优秀的公司怎么样?晚上这帮人赶工赶到十一点十二点疲惫不堪,然后回家,第二天早上笑眯眯地又来上班,拥有这样的激情才会不断地起来不断地做,而且,我们要的激情是这种激情,而激情是可以传递的。"[1]

身为拥有热烈梦想与强大能力的企业家,去带领自己的创业团队向目标前进时,需要的并不只是高瞻远瞩的战略、缜密精明的计算,更要有对员工人文内核的终极关怀。这种关怀不只体现在嘘寒问暖上,而要表现在为他们的精神世界输入源源不断的能量,帮助他们在激情的指引下摆脱平庸、摆脱低效、摆脱无能。马云深谙激情对能力的意义,当他率领阿里巴巴以激情走过寒冬时,他很快就要用未来的成就,去为这家企业带来充满魅力的图景。

---

[1]在浙江人文大讲堂上的演讲:《文化是企业的DNA》

第五章

憧憬未来，勾勒 102 年愿景

19世纪初，法国著名经济学家让·巴蒂斯特·萨伊在著作中写道："只有人们在能够得到某种东西的时候，才知道他们需要这种东西，才会逐渐感到，如果没有这种东西将无法正常生活。"

作为颠覆式的创新者，马云的神奇之处，不在于他和团队从技术上克服了多少困难阻碍，而在于他带给广大中小企业和消费者怎样的新愿景、新未来。在 21 世纪初期，正是马云和他的阿里巴巴，开始让所有中国人逐渐明白，自己真正需要什么、再也离不开什么。

超越赚钱，凸显愿景独立性

愿景，既能向客户和社会展示企业的价值，也同样属于领导者的精神感召力。企业家想要用愿景吸引别人，首先应该保证其内容能说服员工，然后将之真正融入企业管理、产品研发与生产、员工培训等各种环节，将愿景的能量转化成为实在的战斗力，发挥出其应有的感召作用。

马云深谙愿景的重要作用，从阿里创业早期开始，他就懂得很好地向团队展现愿景，使其打动人、吸引人，让员工为之贡献力量。

在阿里最初的成立会议上，马云将企业的使命定位为"让天下没有难做的生意"。为了避免使命过于宏大而引发员工的迷失，他又从最开始就提出要将阿里巴巴打造成有 80 年历史的公司、成为全世界最佳雇主公司、在十年内成为全球最大的电子商务公司。这就是阿里巴巴鼓舞最初的团队为之奋斗的远景目标。

虽然如此，当马云看见阿里巴巴的员工越来越多时，他还要解答这样的问题：实现这些目标，是为了什么？

　　从通常逻辑来看，追求创业的成功，自然是为了赚钱。马云也说过类似的话。但此时，他想到的是如何将更为纯粹的愿景灌输给员工。他说：

　　"我觉得一个伟大的公司当然也需要赚钱，但是光会赚钱的公司不是伟大的企业。阿里巴巴最重要的原则之一，就是永远不把赚钱作为第一目标。"[1]

　　无论是创业者还是团队员工，当眼前只有短期利润的金钱时，无论表面上说得多么漂亮，他们最终都会将愿景放在一旁。马云最为担心的正是这一点。一旦阿里巴巴从最初的愿景上滑落下来，成为那种依靠"卖头条""卖流量"来不断赚钱的公司，那么马云也就失去了用以凝聚企业内外资源的精神武器。因此，他不断地强调生意人、商人和企业家的区别：

　　"我们不想做商人。我们只想做一个企业，做一个企业家。因为在我看来，生意人、商人和企业家是有区别的：生意人以钱为本，一切为了赚钱；商人有所为，有所不为；企业家应该影响社会、创造财富，为社会创造价值。"

　　他还用养孩子来比喻：

　　"就像是养一个孩子，不能指望他一生下来就能挣钱养家糊口，你只要不断地给予他营养和知识，只要这孩子能够茁壮成长，赚钱是早晚的事情。如果做家长的把赚钱看得太重，让孩子过早地出来做童工，那不仅赚不到钱，就连孩子本身也有夭折的可能。"

　　马云是这样说的，也同样表现在实际行动中。这从他拒绝孙

---

[1]肖文健编著. 马云创业语录[M]. 北京：中国致公出版社，2008.10.

正义的 1000 万投资故事中就可见端倪：

2000 年初，马云和蔡崇信抵达日本软银集团总部，开始了正式谈判。这也是他和软银创始人孙正义之间第一次正面较量。在谈判中，马云闭口不提钱的问题，反而向有兴趣投资的孙正义提出三个条件：阿里巴巴只接受软银独家投资；软银作为股东不能过分追求短期收益回报，在公司的运营和运作上要以阿里巴巴长远发展为中心；马云邀请孙正义担任阿里巴巴的董事。

孙正义最终同意了三个条件，并报价 3000 万美元，占阿里巴巴股份的 30%。然而，在签字前一刻，马云突然反悔了。他要求立刻将 3000 万压缩到 2000 万，理由是：钱太多，管不好！

自然，马云降低投资，也有出于股权平衡性的考虑。但他不以钱多钱少作为行动标准的独立态度，确实在这件事上展露无遗。后来他解释说："钱是追人的，人要是追钱，一点出息都没有……你感觉自己要向人家要钱，眼睛里面就不对了，眼睛也不对了……要钱的话，基本就矮了一截了。"

这种不以赚钱为愿景的态度，也体现在阿里巴巴、淘宝、支付宝等服务项目的免费策略上。马云解释过企业长远愿景与现实目标之间的关系：

"创业期间，赚钱最容易，但容易的事情我一般兴趣不大。开始考虑赚钱的时候，是在你帮别人真正赚了钱之后……如果阿里巴巴在路上发现小金子就不断捡进口袋，那么当他身上装满金子的时候就会走不动，也就永远到不了金矿的山顶。"

后来，当阿里巴巴在香港上市路演时，马云还是依然坚持不以赚钱为目标。按照当时的情况看，阿里巴巴的发行价完全可以定到 20 元以上，投行建议 22 元至 25 元之间，至少也能够报到 20 元。

但在马云的主张下,团队将发行价定在 13 元。他的常见的冷静态度说:

"忘掉股价,坚守对客户的承诺、对员工的承诺。别人疯狂了我们不能疯狂,我们要对股东负责。中国香港很多公司上市的价格拉得非常之高,最后让股东受到损失。如果我们真的卖 20 块、30 块,我相信股东和香港股民有一天会骂我们。"

无论是创业还是经营,愿景都需要保持其应有的独立性、纯粹性。当一个企业家眼里只有钱的时候,他的视野就无法投向远大的未来,他的热情也难以持续引领所有追随者。因此,在创业之初,创业者需要问的并非"我做什么最赚钱",而应该是"什么是我能带给别人的价值"。在企业规模越来越大时,企业家需要考虑的并不是"我还能挣多少钱",而应该是"员工、客户能从我这里得到什么"。

当你能做到马云所说的"忘掉赚钱",全力以赴专注于用创业和经营去实现愿景,你就会进入真正的忘我境界,到了那时,金钱回报自然会随着愿景的接近,源源而来。

2003 年 5 月,淘宝的诞生,将实现愿景目标的时刻再一次推进。但在此之前,阿里的愿景目标还要再一次接受外界的考验。

"非典"风暴，与员工携手前行

2003年，"非典"席卷了整个中国，阿里巴巴也面临着一场突如其来的挑战。正是在这次抗击非典的斗争中，马云再次用行动和态度，明确了阿里巴巴"成为全球最佳雇主"的企业愿景目标。

2003年春，广东省首先发现了传染性非典型肺炎（SARS）病例，广州被明确划为疫区城市。同年4月，由于"非典"带来的恐慌，大量参展商临时取消了第93届广交会的参展计划。而阿里派往广州的几名员工，也因为异常冷清的交易展会无所收获，很快返回杭州总部。

谁也没有想到，和他们一同回到杭州的，还有肆虐的"非典"病毒。返回杭州后，一位名叫宋洁的员工就不停咳嗽，并很快去往医院检查。谁也未曾料到，宋洁成为杭州第四例"非典"疑似病例，并很快进入重症监护室。

一时间，阿里巴巴和他们所在的华星杭州大厦笼罩着"非典"的阴影。毫无疑问，整个大楼都会被全部封锁，阿里巴巴因此被整个写字楼的所有公司看成罪魁祸首,马云则遭受了所有的指责、抱怨乃至谩骂。尽管他为此亲自上门,向"邻居们"赔礼道歉,但经常被拒之门外、遭受白眼。

其实,马云内心也备受煎熬,他为员工因公出差而感染"非典"深感自责。当其他员工即将被隔离之时,马云通过电子邮件,发出一封后来在阿里历史上非常著名的道歉信。他写道:

"尊敬的阿里亲友,我理解大家现在的心情,真的对不起!影响了大家正常的生活和工作!养好身体比啥都重要!请大家认真配合有关部门的工作!请各位阿里人把此信转给我们尊敬的亲属、朋友和所有因我们而受各种损失的人士!并向他们表示深深的歉意!让我们共同为那位生病的同事祈祷!祝福她早日康复!过几天我还会和大家通过网络联系,我仍会一如既往地客观、透明地报告我所知道的任何情况!再次向各位表示歉意!"

在这封信中,马云以创业团队领袖的身份,表达了三层含义:首先是对所有员工身体健康的关心,其次是对所有相关人士的致歉,最后是对生病同事宋洁的祝福。无论哪一层含义,都体现出这家新创公司在重大灾难面前的担当和决断,也展现出马云当初"成为最佳雇主公司"所言非虚。实际上,从此后"非典"规模和影响来看,这次突发事件根本不是那时的阿里所能预料和应对的,完全超出管理团队所能控制的范畴,也不应由马云个人来负责。但为了第一时间稳定人心、关心员工,也为了树立企业作为雇主和管理者的形象,马云写下了这份诚恳的道歉信,不能不说是他在关键时刻凭借一己之力的当机立断。

事实上,就在此时,马云面对着严峻的双重挑战:一方面,"非典"让许多人不愿出门购物消费,正是电子商务发展的最佳时期;

但另一方面，隔离又让员工无法出门工作，只能在家上网工作。作为企业，阿里巴巴根本没有类似的管理经验，无法想象如何去管理数百个在家工作的员工。但幸运的是，凭借这封道歉信，整个公司的员工再次感受到了管理层的坚定、自信和勇气，感受到这个公司期待排除一切困难，去为员工谋求利益的决心。

与此同时，马云给所有员工家里都安装了宽带等互联网设备，并报销所有电话费。高管们将各自负责的团队通讯录全部整理完毕。整个公司被拆散到了数百个家庭中，所有的业务都搬回了家。

在8天的隔离之后，奇迹出现了。所有的阿里巴巴员工虽然只能通过雅虎通和电子邮件等网络聊天工具进行交流，但他们却异常团结，相互鼓励。无论什么时候，当客户拨打公司的电话，都能听到一个亲切而热情的声音依然稳定地回应："您好，这里是阿里巴巴。"到4月底，宋洁顺利痊愈，阿里数百名员工的隔离结束，整个公司业绩不仅没有因为"非典"受到影响，反而实现了大幅度增长。

两年后，在2005年4月20日，马云宣布，将以后每年的5月10日定为"阿里日"，以此纪念阿里人的精神和信念。

最初，"非典"以前所未有的危机面貌出现，但当阿里人同全中国人民一起迎来战胜"非典"的时刻，马云证明了公司的愿景目标是可行的——"成为最佳雇主"是阿里精神的内涵，也促进了阿里管理层与员工层的坚强链接。正是无论何时何地，都要关注客户与员工的理念，让马云带领阿里巴巴将"非典"这场灾难变成了机遇。

后来，马云说道：

"阿里巴巴要以人为本，人才是我们的本钱，我希望阿里巴巴的领导者永远用欣赏的眼光来看我们的员工。我们每年都要检视自己离世界最佳雇主还有多远,我们希望我们的员工变得富裕、变得开心。其实,很多公司比我们有钱,但员工并不开心。我们要做到的是,让我们的员工一辈子有成就感。"[1]

在隔离期间内,阿里巴巴领导团队始终强调并践行的企业精神,对公司的稳定运行起到了强大的支撑作用。这是因为在愿景指导下形成的"客户第一、团队合作、关心每个人、做好每件事"等精神内核,在阿里巴巴每个部门和岗位被通过各种途径渗透到员工的大脑里,尤其为各级别管理者所身体力行。当环境发生变化时,他们依然能将这些当成习惯性的目标,用以指导自己与团队的行为,始终对所有员工和客户负责。

马云在危急时刻,对阿里巴巴愿景目标的坚持,在当时帮助整个企业顺利度过非典危机,在未来则增添了基层员工和普通客户的信心。这让他们相信,阿里的愿景目标绝非空喊的口号,而是深刻嵌入了企业的灵魂,并能通过有效的组织运行最终实现。

---

[1] 2008年4月14日,阿里巴巴内部管理者培训"湖畔学院"讲话.

不设指标,用愿景引领"淘宝"

从过去到现在,市场会不断变化,新技术与新需求也会不断出现,但一个企业的愿景在被描绘出来后,理应经久不衰。正如同个人的愿景实际上是人们心智所坚持的意象或景象,企业愿景也是从创始人到员工所共同持有的精神财富。

正是这种共同愿景感,让阿里巴巴在 2003 年突然爆发出强大的勇气和执行力,一举从 B2B 模式,杀入了竞争激烈的 C2C 和 B2C 战场。

马云之所以在此时将目标指向 C2C 模式,其动力来自于他为阿里巴巴设置的长远目标。他在阿里巴巴 5 周年庆典上如是说:

"我们的目标、使命和价值观,是鼓励我们走下去的动力。我建议大家,从明天开始,把我们的 80 年的目标改为 102 年,成为中国最伟大、最独特、横跨三个世纪的公司。如果能活 102 年,就是我们最大的成功。阿里巴巴最大的成功,不是我们有了诚信通、中国供应商,而是创造了伟大的公司。102 年的阿里巴巴我肯定看不到，到了那时，我137岁。我们可以把自己的孩子、孩子的孩子请到这里来，让他们今生无悔。"

既想要做出横跨三个世纪的公司，又想成为全球最大的电子商务服务提供商，马云为了实现这些远期目标，必须打造C2C模式之外更为有力的秘密武器。

2003年初，马云开始围绕企业愿景，构想未来的淘宝网项目。当时，阿里巴巴的业务已经相对稳固，但距离成为全球最大还有相当的路程要走。马云和团队里的孙彤宇注意到，个人电子商务市场开始逐步成熟，但当时中国最大的C2C电商平台eBay易趣却存在很多弱点，其中最重要的一点就是向客户收费。

抓住这个破绽，阿里巴巴立即紧锣密鼓进行筹备。短短120天之后，孙彤宇完成了从市场调研到团队组建的过程。在没有进行任何市场推广情况下，2003年5月10日，淘宝网正式上线。20天后，这个名不见经传的网站迎来了第一万名注册用户。

由于整个筹建过程极端保密，绝大多数阿里巴巴员工都不知道这个项目，甚至在内部网上还出现了一个帖子，警告所有人注意"一个制作思路与阿里巴巴极为相似的网站正在迅速聚拢人气，它的名字叫淘宝"。直到7月份，马云宣布投资1亿元人民元，打造中国最大的个人网上交易平台淘宝网时，所有人才幡然醒悟，原来淘宝网正是马云新的作品。

此时，互联网泡沫的破灭还未结束，而"非典"的阴霾也刚刚过去。淘宝网的投资，成为整个寒冬后互联网业界的第一次大规模投资，其表现出的勇气与信心备受瞩目。当时，提供类似网络交易服务的易趣已经占领了80%的中国市场份额，而国外的eBay则收购了易趣，并摩拳擦掌地增加对华市场投入，希望能增强在市场的绝对领先地位。

选择这一时刻进入 C2C 领域，让许多人感到看不懂、看不清。一些媒体形容马云缺乏理智、疯狂豪赌，eBay 全球总裁惠特曼则预言淘宝网最多只能存活 18 个月。

对此，马云不以为然。他坚持认为，淘宝网将在 3 年内成为中国最大的 C2C 电子商务网站，借以实现阿里巴巴成就全球最大电子商务服务企业的愿景。为了这个愿景，他决定这三年内淘宝完全免费。他说：

"我们觉得真正大规模收费的时间还没有到，目前个人网站采用的收取交易费等方式，未必适合中国的国情。当然另一方面，我们有足够的底气也有充足的信心，阿里巴巴目前的盈利能力以及现金储备，完全可以再造 3 个类似于淘宝网的网站。"

这样的话语加上无盈利指标的压力，让淘宝网从上而下的所有运营部门和人员感到放松。他们的短期目标就是"花钱"，通过不断投入，让网站变得更加亲切和高效。他们努力的方向，就是将淘宝网变成最稳定最完全的购物场所，让更多人参与到网络购物的进程中。

虽然马云和淘宝高管团队非常清楚应该何时盈利，但当所有人都看不清淘宝网机会的时候，他们选择强调愿景而非眼前的盈利。马云说：

"对于电子商务网站来讲，所谓的客户第一，简单说就是让自己的会员赚到钱。这并不是说会员口袋里有了 5 块钱，我们拿 1 块。而是要帮助客户把口袋里的 5 块钱变成 500 块甚至更多，这个时候会员会非常愿意给你 50 块钱。"

为了印证淘宝秉承了阿里巴巴的伟大愿景，马云后来还在斯坦福大学演讲时谈了这样的故事：

"10年前，当我走在街上，有人跑过来感谢我，因为阿里巴巴帮他们得到了国外的订单、国外的生意。今天，当我走在街上，有人过来感谢我，说他和妻子在淘宝上开了个小店，以此为生并且收入不错。这对我来说意义重大。"

淘宝的成功，体现出愿景作为旗帜引领企业发展的重要作用。在淘宝成立之后，三年的免费政策成就了数十万生意火爆的普通人卖家，而阿里巴巴自己却没有卖过一分钱产品。相比阿里巴巴网站当初对中小企业的造福，这次覆盖的受惠人群更加广泛、更为草根，也更贴近马云在湖畔花园的初心。

企业愿景如果不能内化为实在的领导力，不能转变为可见的产品和服务，可谓分文不值。无论是员工还是客户，都不会仅仅因为马云对愿景的精彩描述就真正怦然心动。即便是当初的"十八罗汉"在回忆第一次听见马云的愿景时，也用了"茫然""翻白眼"来形容自己的感受。然而，马云的可贵，在于他不断将愿景变现，变成淘宝网这样真实存在的、为客户带去价值、为企业带来竞争力的产品和服务，变成切实可行的计划、有望实现的远大目标。这样，客户和员工才会认可马云，才会对淘宝感到心动并选择加入和追随。

毫无疑义，企业愿景永远是企业的远大目标，具有很大的挑战性。惟其如此，创业者需要建构强大的信心，鼓舞员工的斗志。即便无法在短期内盈利，也要用愿景去打破常规、发起挑战。即便通往愿景的方向和道路充满艰难险阻，但领导者也需要思路清晰，选择对实现愿景最有利的道路坚持下去。这样，企业就能极大激发员工的努力意识和创新潜力，使他们为了实现愿景而贡献自己的力量。

拒绝游戏，目标是成年互联网

1999年，当马云开始在杭州湖畔花园勾勒阿里"要做102年的企业"愿景时，全国绝大多数的互联网用户，距离电子商务非常遥远。那时，人们上网主要是为了收发邮件、浏览新闻和搜索信息，这正是中国民间互联网萌芽的"网民"时期。到2002年左右，即时通信、网络社交和游戏开始成为上网者的最爱，不同的娱乐社区开始形成，一个网络服务商赚钱、上网者开心的"网友"时期扑面而来。

无论是"网民"时期还是"网友"时期，对于普通人而言，上网即消费：用略显昂贵的基础和增值服务费用，换来开心愉快地玩耍游戏。此时，只有很少的人清楚，民众对互联网使用的认知观点，几乎与国外网民别无二致。而更少的人才了解背后真相，那些互联网大企业，努力从国外"搬运"来游戏、聊天室、BBS、博客、社交工具等互联网服务模式，为的就是将同样的盈利过程，在国内再上演一遍。

但这一幕从2004年开始被马云所改变，马云后来提出了对中国互联网独立性发展的相关看法。他说：

"中国互联网缺少独立精神是天生的问题。阿里巴巴的独到之处就是不会跟着美国人走,也和中国纯粹本土的想法不一样,以至于我们的独特世界观被笑称异类。如果找马云是为了做搜索的概念去做搜索,那么我们就不做了。我并不是要干革命颠覆谁,而是觉得搜索仅仅是为人民服务的。今天 Google 的技术,纯粹是为技术而技术的,它是个工具,是帮助别人成功的,而并不是自己的成功。也许陈天桥(盛大 CEO)骨子里有点独立精神,丁磊(网易 CEO)也肯定有,但是这种气质在中国互联网界缺少施展的空间。阿里巴巴要倡导的是成年社会的互联网,而不是现在网易、新浪、腾讯们所主导的,让少年们肆意玩乐的互联网。"[1]

马云并非是在有意攻击其他互联网企业,从某种意义上来看,他的批评不无道理。

一直以来,马云将中国互联网潜在的巨大用户数量看成极大的利好,他曾说:"我感觉中国在互联网时代赶超美国还是有机会的,因为我们 3 亿人上网,我一直觉得中国 5 年时间搞 3 亿人上网,美国人搞 3 亿人?生孩子生 20 年还来不及。"但另一方面,让马云感到担心的是,如果中国互联网企业永远跟在美国企业后拾人牙慧、照搬模式,那么网络始终就只会是被动的商业工具,而无法塑造出完整的、健康发展的商业平台。如果 3 亿人上网只是为了玩游戏、追网友,无论对广大互联网企业,还是整个中国社会,都并不是什么好消息。

因此,马云希望阿里不仅能够成为最大的电子商务服务企业,还能扮演中国互联网氛围的改写者,扮演成年社会互联网的倡导

---

[1] 2005 年 10 月,接受《三联生活周刊》采访的谈话.

者。

马云之所以看重这一点，还与家庭里的一段故事有关系。

马云的儿子出生于1992年，阿里巴巴创业时他刚上小学。那时，马云家里动辄数十个人开会，满屋子烟雾缭绕，孩子只能关在房间里不能出来。吃饭的时候，他也跟大人们一起吃工作餐，这样一来，就越来越像马云年轻时那样瘦骨伶仃，仿佛是火柴棍支起来一个大脑袋。

随着阿里巴巴事业不断扩大，马云和妻子张英逐渐有了时间，但儿子已经十来岁了。他们想要让儿子从寄宿学校回家，但儿子却说："我不回家，我回来了，也是一个人无聊，还不如待在网吧里。"

原来，以互联网为事业舞台的马云，与那时无数根本不知互联网为何物的父母那样，碰到了相同的难题：孩子迷上了网络游戏！

儿子的这句话深深刺激了马云。他开始打响家庭内的网络游戏阻击战。那时正是暑假，马云给儿子200元钱，让他去和同学玩电脑游戏，玩上三天三夜再回来，但回来的时候必须先回答一个问题——找出一个玩游戏的好处。过了三天，儿子回来了，先是猛吃了一顿，又大睡了一觉，再去汇报心得，说自己又累又困又饿，身上也不舒服，钱花完了，但是没想到什么好处。马云说："那你还要玩？还玩得舍不得回家？"儿子没话说了。再加上张英辞职回家负责看管儿子，这场互联网巨头家庭的网游风波才算慢慢平息。

这件事固然不能完全解释马云为什么想到提倡"成年社会的互联网"，但不可不说是重大的导火索。正如张英后来所写道的那样，那时正是网络游戏圈钱的时候，巨人、盛大、网易、九城、搜狐都纷纷推出新游戏，而且获利丰厚。如果按照马云的作风，他是不会放过任何赚钱的机会的，但是他硬是没有去做网络游戏。据说，马云还在董事会上当众表态："我不会在网络游戏上投一分钱，我不想看到我的儿子在我做的游戏里面沉迷！"后来，马云还在非常正式的场合，重申了自己对互联网发展的看法："我们坚定地认为，游戏不能改变中国，中国本来就是独生子女家庭，孩子们都玩游戏的话，国家将来怎么办？所以游戏我们一分钱也不投。人家投，我们鼓掌，但我们不做，这是我们的一个原则。"

人们不禁要问，既然马云眼中肆意玩乐的互联网环境不足取，那么他又期待怎样的成年社会互联网呢？答案是"网商"二字。

在马云看来，网商就是利用电子商务工具在互联网上进行商业活动的商人和企业家。网商是比网民和网友更能改变千家万户乃至整个社会发展进程的力量。当那些原本在现实中为商业壁垒所阻挡的小企业家，将时间花费在阿里巴巴这样的电商平台上，他们最终能够获得事业的成长、财富的积累和人生的积淀。有千万个这样的人，不仅能让电子商务得到广泛普及，也能让社会、民族和国家因此而受益。

相比之下，这个愿景自然同玩乐游戏的互联网亚文化有所抵触、无法并行。此时的马云，必须抨击照搬娱乐模式的互联网企业，才能为阿里巴巴的电商愿景换来足够的关注空间。

人们总是习惯性地认为，那些伟大的企业愿景，无不来自于企业家的天才构想、战略思考。但人们又很容易忽视，企业家最初对愿景的设想，很可能只来自生活里一刹那的起心动念。

当阿里巴巴如同一列疾驰的火车，在既定的事业轨道上朝向使命目标而去时,马云意识到阿里巴巴将改变的不只是一个个企业,更能够改变整个互联网。于是他开始展示愿景,向火车所到之处的每个人,描绘未来的目的地:在那里,人们利用互联网工作和学习,以互联网提升事业、实现梦想。这种积极向上的图景,与昏暗而烟雾缭绕的小网吧形成了鲜明对比,打动了许多甚至还未涉足商海的网民。

创业者想要成功,必须追随社会的脚步,掐准时代的脉搏。整个社会意志在主导时代发展的过程中,对个人发展素质也有充分的促进。那些取得成功的人,往往会像马云这样,由于生活里一件小事就逐步产生了超前的意识,而这份意识契合了社会潜在的愿景,顺应了社会潮流,得以站到了时代的前列。因此,一个优秀的企业家,会洞察和发现这个社会需要什么,这个社会将发生什么,并紧跟潮流,将自己与企业的长远追求融入其中。这样,他们就能成为社会发展趋势的参与者和实现者,从而实现自我的成就。

不仅如此,马云还希望有更多的人了解、赞同和追随阿里巴巴打造"成年社会互联网"的愿景。于是,网商大会很快诞生了。

网商大会,蚂蚁能战胜大象

2004年6月12日,阿里巴巴公司和中国电子商务协会主办的中国首届网商大会在西子湖畔的世贸大饭店召开。这次盛大的会议中,上千名中国网商云集杭州。在中国互联网商业模式此时刚刚开始书写的历史上,这次大会将留下浓墨重彩的一笔。

在大会召开前,马云谈到了他对大会的初衷,也谈到他对未来电子商务的看法。他说:

"只有应用电子商务的企业成功了,电子商务产业的春天才会真正来临。"

人们注意到,他并没有说"应用阿里巴巴",因为阿里巴巴这家公司的经营成功,已经无法概括马云此时的愿景。他的愿景是通过阿里巴巴的努力,推出成千上万的中国网商,缔造出整个中国电子商务产业的春天。

很多人为马云此时所构想的愿景而感到陌生和吃惊,连雅虎创始人杨致远也对这次网商大会的规模和影响感到吃惊。他说:

"我第一次听人说网商。我没想到,企业除了在互联网上做广告外,还能在上面做生意。这在美国是没有的。在中国中小企业这里,互联网成为交易工具,这让我想不到。"

然而,马云所设想的中国式愿景,和雅虎心中的美国式愿景有着明确的不同。在马云看来:

"网络的中小企业商人,已经成为中国商业社会非常重要的一股力量……中国超过 90% 的公司是中小企业,它们的活跃和成绩,显然会在很大程度上影响中国经济的态势。"

正因如此,在这届网商大会中,马云考虑的是占据了中国企业总体数量绝对优势的中小企业商人。他思考、设计和即将要传达的,是他们在未来需要什么、离不开什么,而阿里巴巴又能从中改变什么。

马云清楚地看到,在传统商业模式中,许多大型商业卖场凭借极大的采购量,垄断了广泛的销售渠道,而中小企业只能被迫以低价将商品卖给他们。一旦有了电子商务后,众多中小买家和买家就能进行直接接触,避免由于缺少销售渠道而被大型销售商压榨利润。实际上,在阿里巴巴运行的五年中,已经有了大量来自江浙的中小商品企业,通过电子商务拓展业务,其每年网上交易的份额,站到了销售量总额的很大部分。

既然这些企业能够做到,那么全中国其他的中小企业,为什么就不能成为未来商务模式的真正主角?为什么阿里巴巴就不能用副总裁金建杭的那句"把商务还给商人",来描述和传播关于未来商业模式的愿景?

在这样的思索后,马云想到了召开网商大会,并采用这一形式,宣传他关于电子商务模式建设的构想。

正是在首届网商大会上，阿里巴巴隆重揭晓了投票评选出的"2004中国十大网商"，他们分别是：

格兰仕集团海外部经理　沈朝辉

宁波海曙天虹气球有限公司　李春根

贵州味美食品有限公司　刁鹏

网上个体经营者　丁楠

辽宁迈克集团　康剑

赛科国际　赵银柱

吉林省汪清县复兴农场　宋学哲

浙江云和县和信工艺品　何彬

浏阳市文家市玩具烟花出口厂　贺建武

江苏弘业股份　伍栋

显然，这些名字无论在当时还是今天，都显得那样普通、那样草根，甚至从未被真正的宏观历史所记叙。但在首届网商大会上，马云亲自为他们颁奖，并发表了热情洋溢的讲话。他说：

"中国顶尖企业和国外企业竞争，还有很大的距离，我认为中国可能取胜的不是这些顶尖企业而是我们的网商，中国13亿人口的蚂蚁雄兵才能战胜这些企业，而不是那些中国大企业……我们的思想和欧洲文化都有差异，欧洲文化本身是诞生大企业的，中国的文化可能就是诞生中小型企业的。"

我认为，将来的希望在于中小型企业。"马云更提出，网商时代的到来将是迟早的必然，是中小企业需要追随的结果，而不是被动设定的目标：

"任何东西把它作为目标,你会越做越累。如果我今天告诉你明天的销售额要达到10个亿,你肯定想死,天天生活在失败中。我说你做这件事,可能会得到10个亿,你会盼望这个结果,而不是把结果压在头上。"

最后,他总结说:

"中国企业要走自己的特色之路,如果我们不发挥13亿人口的优势,不发挥中国民营企业、家族企业优势的话,我们永远打败不了大象。"[1]

当马云说出这番话时,台下正坐着他口中的"大象"——沃尔玛、英格索兰、联想和三菱重工等国际大买家都参加了首届网商大会,同样聆听到他为中小企业所畅想的未来图景。而他的这番话,显然切实打动了无数在场和不在场的中小企业网商。到这一年年底,通过阿里巴巴平台进出口交易的总额超过上百亿美元,阿里巴巴连续五年成为美国权威财经杂志《福布斯》评选的全球最佳B2B网站企业。

正是从这一年开始,网商大会成为马云和阿里巴巴传递愿景的重要平台:

2006年,第三届网商大会提出了"网商节"的全新口号,网商大会成为全体电商从业者的节日,品牌号召力与公信力在全国范围内迅速传播。

2007年,第四届网商大会上,阿里巴巴发布《2007中国网商发展报告》,报告写道:"中国网商经历了网商生存、浮现之后,开始进入了网商崛起的新阶段,中国的网商数量从2004年的400

---

[1] 朱甫著. 马云管理思想大全集 超值白金版[M]. 深圳:海天出版社,2011.09.

万,增长到现在,已经超过3000万。"

2008年,第五届网商大会首次推出了全球十大网商评选,这也标志着大会正式跨入全球有影响力的行业评选及品牌推广。

2010年开始,阿里巴巴集团将网商大会与"西湖论剑"品牌结合起来,进一步扩大这个行业论坛的影响力与号召力。

正是利用"网商大会"这一发声和宣传平台,马云和他的阿里巴巴不断向全社会宣示着其充满创新意味的愿景。在他所勾勒的未来里,"蚂蚁雄兵"们凭借互联网这一平台,不断向国内外大型企业所垄断的商业资源发起冲击、攻城略地。随着网商大会的逐届召开,相信这一愿景并参与其中的人也越来越多,从中小企业商人到普通消费者,都相信自己正在目睹并亲身经历一次伟大商业模式革命的进行。到2010年5月时,马云又提出新的愿景:

"未来十年,我们要为一千万家小企业解决生存、成长、发展平台,要为全世界解决一亿就业机会,为十亿人打造网上消费平台。"[1]

这样的未来前景由于具有了量化特征,显得更加生动而形象,更加令人热血沸腾。

今天,中国电商覆盖人群已经超过5.5亿,占据了这个庞大国家总人口数量的一半以上。而电商交易、移动支付、线下线上新零售等模式,更是走入了千家万户。"蚂蚁雄兵"们不仅在对传统商业模式的创新中生存了下来,而且真切改变了全社会,也印证了马云的愿景正在切实实现。

愿景,是一个企业的长远目标,对愿景的设定必须站得高、

---

[1] 2010年5月14日,阿里全球股东大会上的讲话.

看得远、想得深，好的愿景，应该是在10—30年之间可以实现的长期目标。企业家有责任与义务为组织和员工设立远大的愿景，但他们更不应忽视用愿景去感染和带动客户的力量。愿景不是秘密，而是应该为人周知，只有当愿景如宗教的信条那样，为每个客户、为全社会所熟悉，愿景才能发挥出其最大的价值，代表了整个企业的品牌。这样的企业，才会值得人选择、吸引人追随。

马云深谙，愿景的意义不在于"你能成为什么，所以你应该想成为什么"，而是"你想成为什么，所以你能成为什么"。正如马丁·路德·金将"我的梦想"变成了美国社会的梦想那样，21世纪刚开始，风云初起的电子商务市场上一次又一次吸人眼球的网商大会，让马云源源不断地将其愿景内容传播给全社会，将其所想的事情，复制到每个中小企业商人的脑海中。而这，也揭开了阿里愿景不断深化、不断推广的序幕。

第六章

先进价值观，奠定创业基石

　　了解马云的人都清楚，他的成功，几乎无一不是来自于他在企业文化和价值观上近乎严苛的追求。如果没有马云对企业文化和价值观阵地近乎偏执的坚守，阿里巴巴很难会有今天的成就，也不会拥有超乎寻常的吸引力和凝聚力。正是马云的不断总结和提炼，让阿里巴巴原本只能诉诸实践的价值观有了清晰的纲领性表达，并为其在未来时间里不断的升级，奠定了稳定坚实的基础。

"整风"！为价值观营造打基础

克莱顿·克里斯滕森论述过这样的事实：影响一家公司能做什么、不能做什么的重要因素，就是它的价值观。他说，我们将组织的价值观定义为员工用于确定优先事项的标准，正是根据这些标准，他们判断一份订单是否有吸引力，一位客户的重要性如何，一个新产品的创意是令人瞩目还是马马虎虎。

阿里巴巴在创建初期并没有提出明确的价值观，但在行动中，人们已经形成了"直言不讳"的观念。为了将网站体验做到最好，团队成员经常会为一些问题展开争论，有时候甚至特别情绪化。于是，马云提出了阿里最初的价值观核心：简易。

马云说：

"简易，就是非常简单。我对你有意见，我就应该找你，找到门口，谈两个小时，要么打一场，要么闹一场，我们两把问题解决掉，如果你对我有意见，你不来找我，而是去找第三方，你就应该退出这个团队。"

这条规矩作为阿里最初的价值观，有效地凝聚了团队成员，设置了彼此行为的底线，让团队度过了创业初期最艰难的岁月。

然而，当阿里拿到先后两笔投资，开始在全球范围疯狂扩张之后，这样的价值观显然不够用了。当网络寒冬到来时，马云意识到了共同价值观缺失的这一课必须补上。但在正式推行属于阿里的价值观之前，马云和CEO关明生必须完成人员方面的基础工作。

2001年1月，阿里的"整风运动"开始了。马云在学习中国共产党党史的时候，认识到用价值观来统一思想，通过统一思想来影响每个人的行为，最后形成合力的重要性。价值观不是一组口号，也不是一两篇文章，而是需要每个人吸纳进入灵魂再体现在具体行动中的。尤其对于新创的互联网公司而言，既需要所有人齐心协力，也不能规定每个人如何按部就班，更大的约束力量，还是来自于每个人心中对价值观的认同。如何确保每个人都有认同的基础？很简单，将那些不可能认同的人请出企业，从根本上减少价值观推行的难度。

因此，马云说：

"整风的目的，就是把不跟我们有共同价值观、共同使命感的人，统统开除出我们公司。"[1]

关明生则对此补充说："如果认为我们是疯子，请你离开！如果你专等上市，请你离开！如果你带着不利于公司的个人目的，请你离开！如果你心浮气躁，请你离开！"

通过整风，阿里净化了队伍，将那些内心认同价值观的员工

---

[1]李野新，周俊宏著.马云谈创业[M].杭州：浙江人民出版社，2009.04.

留在了公司。

事实说明,任何公司的价值观,都不可能做到吸引每一个人才。领导者必须在承认这点的基础上,坚持用自己认定的价值观,去作为一把尺子,衡量员工是否有资格留在团队中。如果有,就应该坚决留下他们,如果没有,无论他们为企业创造了多大的业绩,也要坚决清除。

经过整风运动,留下的员工队伍已经相当纯净,但马云和关明生坚持认为要对他们开展培训。无论人才还是组织,都是有生命周期的,也会有新陈代谢的周期。如果想要保证留下的这些员工队伍始终能成为企业的新鲜血液,就要确保他们的价值观永远是最先进、最符合竞争需要的,而这就离不开培训活动。

从2001年4月开始,阿里开展了大规模的培训。首先接受培训的是主管级员工,然后逐步扩展到中层、高层干部中,所有的培训导师都是从知名管理咨询公司请来的高级顾问。即便此时公司资金紧张,马云还是作出大胆决定,投资100万元到这次培训中来。后来的事实证明,这次培训的意义至关重要,尤其对销售人员的培训更是如此。此时,阿里巴巴的销售员工都是从早期创业元老中走出的,他们几乎没有接受过专业训练,也不是科班出身,但他们了解阿里巴巴的产品和服务理念。当他们通过培训掌握了价值观精髓之后,就迅速在原有基础上将之转换成为行动上的优势。

任何价值观在企业内的推进,都不可能是一蹴而就的。企业家可能会梦想每个员工都能自然而然地理解共同追求的价值观,但这显然不切实际。而即便口才和魅力如马云,也不可能在公司发展壮大之后,依然向每个员工日常讲授和示范价值观。这就需要在企业内部进行大规模的培训宣讲,将价值观推广同竞争实践结合起来,让员工看到价值观并非空洞无物,而是能深入到每个人的实际工作中发挥指导作用。这样,他们才会认同并追随企业家的价值观。

依靠价值观的建立和推行,阿里巴巴拥有了度过寒冬的能力。此后,价值观建设将贯穿阿里巴巴发展的每一刻,并得到不断地提升与凝练,形成这家企业历史上一座不朽的精神丰碑。

从"可信、亲切、简单"到"独孤九剑"

2001年,经过整风运动和深入培训,阿里具备了推广价值观的良好基础。但此时更加严酷的是外界现实:寒冬已经到来,马云预言的"80%国内互联网企业都会消失"正在发生,大批中小互联网企业纷纷倒闭,来自外界的投资止步不前……

对于即将到来的2002年,马云提出了全年盈利1元钱的目标。为了实现这个目标,他们推出了自己的产品"中国供应商"。这是一种全新的商业服务模式,只要企业在阿里的网页上申请了会员服务,每年支付4万元,就能够将公司产品放在外贸平台上,展示给海外客户。实际上,这可以看做面向全球的巨大网络贸易市场。而这种服务模式的赢利点在于排序,凡是申请该服务的公司可以制定与产品对应的关键词,出价最高的客户,就能获得最好的关键词排名位置。

这项服务开启了中国互联网商业服务新的盈利模式。但在此时,"竞价排名"却是人们闻所未闻的,如何让企业会员们心甘情愿地参加到这样的模式中，如何让他们看到购买服务的价值？马云将其与企业的价值观建设和推广结合起来，继续推行"可信、亲切与简单"的价值观基础。

彭蕾后来对这三大原则如此解释："可信就是诚信，后来演变为价值观。亲切就是人性化和人情味，就是阿里巴巴与客户亲如一家。简单就是阿里巴巴的页面和软件要简单，因为商人应用网络的水平不高。简单还包括公司人际关系要简单，杜绝办公室政治，所有的争论都要留在办公室，不准带出办公室。"

在三大原则的指导下，阿里巴巴为"中国供应商"项目花费了很大精力。网站后台能够主动追踪客户的信息反馈，如果连续一段时间客户的信息反馈都不佳，客服人员会主动联系对方，帮助他们调整修改方案；为了提高客户的竞争力，阿里巴巴还组织专门针对会员的免费培训，向他们介绍关于外贸的基本礼仪和常识……在这些努力下，"中国供应商"项目在会员中有了很高的威望与信誉，员工与客户、员工与员工之间，也形成了亲如一家的和谐关系，彼此的关系变得更加简单而纯粹。当时的互联网研究机构专门进行了调查，调查报告显示，阿里巴巴的会员中有90%以上认为阿里巴巴网站可信、有用，而阿里自我调查的数据则显示，无论是中国供应商还是之前的诚信通，每年的客户续签率都在70%以上。

这期间，还发生了一件不同寻常的事情：阿里巴巴有一位业务员，将山东某个三线城市的房地产商发展为"中国供应商"，尽管这笔交易为阿里巴巴带来了六位数的收入，但阿里巴巴却将钱退还了给客户，并对员工进行了处理。公司的理由是，如果按照股东的利益，这个钱该收。但如果按照"可信"的价值观原则，这样做就是在欺骗客户。因为阿里巴巴根本不可能将山东三线城市的房子卖到全世界，这显然是业务员夸大了"中国供应商"的效果。

就这样，马云在2002年初提出"全年盈利1元钱"的计划，终于在核心价值观的指导下顺利实现，阿里熬过了泡沫破灭的网络寒冬，并即将赚到越来越多的财富。

在这段时间内，马云展现出他对企业价值观和利润追求两大方面的天才平衡能力。一般而言，如果让一个以创新作为主要发展战略的企业判断自身的企业价值，那么在利润、效率与创新发生矛盾时，企业会直接选择后者，让利润和效率为创新让路。同样，对利润至上的企业来说，企业的价值观则赤裸裸以利润为核心。当马云面对2001年尸横遍野的互联网产业时，他并没有恐慌到围绕着利润去行动，当然，他也不会像那些"固守"创新阵地的死士那样，宁愿和企业一起战败消失，也不愿改变原则。相反，他采取了兼顾企业价值观传统和市场竞争需要的做法，将价值观这种主观上的内容选择，应用于"中国供应商"这样强调以服务换取利润的商业项目中，并因此同时取得了两条战线上的胜利。

作为企业的灵魂所在，企业价值观确保了员工能够团结起来向统一方向前进，度过企业最困难的时机。同样，随着企业发展阶段的变化，马云也需要对原有的企业价值观进行不断发展和完善，使用与他人不同的语言来对阿里的价值观进行阐述。于是，几乎在"中国供应商"推行的同时，有了"独孤九剑"。

马云曾说过：

"有一样东西对我们来说是不允许讨价还价的，那就是我们的文化，包括目标愿景、使命感、价值观等等。"

而"独孤九剑"就是最早被定义为"不可更改"的价值观内容。

"独孤九剑",是马云请教关明生的结果。

关明生于2001年来到阿里巴巴,他曾经在美国通用电气公司工作了15年,深知价值观对于一家立志打造百年传承的企业有多重要。当两个人第一次会谈时,关明生问马云,阿里巴巴有没有价值观。马云回答说有。关明生又问,那么,有没有写下来。马云沉默了,足足思考了五分钟。

了解马云的人都知道,很少会有问题让他能当众沉默五分钟。当他再次开口时,他说道:"你说得对,一定要将企业价值观写下来,然后贯彻到员工中去。"

马云采纳了关明生的建议,认真地思考了自己从1995年创业以来带领团队从种种困境中逾越而出的经历,并从中总结了九个原因:群策群力、教学相长、质量、简易、激情、开放、创新、专注、服务与尊重。他将之命名为"独孤九剑"。

当马云用他最喜爱的金融武侠小说内容命名了阿里在该阶段的价值观内容后,阿里有了一个明文规定不可逾越的底线,每当有新人加入公司团队,就会第一时间收到警示和教育。马云对此描述说:"有的公司企业文化是尔虞我诈搞办公室政治。我告诉新来的同事,谁违背这九条,立即走人没有别的话说。只有这种环境下我们才能拥有良好的工作气氛……公司要有一个统一的价值观。我们的员工来自11个国家和地区,有着不同的文化,是价值观让我们可以团结在一起……我们总结了九条精神,是它让我们一起奋斗了4年。我们告诉所有的员工,要坚持这九条,这九个价值观,是阿里巴巴最值钱的东西。"

这是阿里巴巴第一次将价值观明确提出来。正如同马云所举过的例子，中国的企业都会面临从少林小子到太极宗师的过程。少林小子每个招式都能打几下，但太极宗师才能打得有章有法、有阴有阳。对于马云来说，明确写下的"独孤九剑"，与创立初期的三大原则，在本质上是一样的。关明生自己也认为，这些本身都是阿里文化中就存在的，自己只是帮助马云找了出来。但实际上，对于创业者来说，他们必须要尽可能找到与众不同的语言风格来阐述自身价值观。虽然想要做到这一点难度有些大，但是，只有不同的语言表述，才能更加直观地反映出自己企业的基本特征，展示出与其他企业的差别所在。

正因如此，随着阿里巴巴的壮大，"独孤九剑"势必将变得更有个性、更富于感染力，也更富于实际操作的空间。

"六脉神剑",价值观也可以考核

"独孤九剑"的价值观提法及内涵,在2001—2004年之间发挥了巨大作用。但是,到2004年,阿里巴巴的业务体系有了翻天覆地的扩充,在人数迅猛增长的现实情况下,"独孤九剑"不再适合大面积推广。

如何找到新的价值观描述?2004年7月,阿里巴巴集团资深副总裁、原人力资源官邓康明,在马云的授意下发起组织了一个300人规模的专题会议。参加会议的人除了集团高层,还包括各个层次的员工代表。会议主题只有一个,那就是畅谈价值观实施中的个人感受。当会议结束时,"独孤九剑"已经逐渐集中到了六大方向上。

当一个企业面临从几百人变成几千人,未来很可能要扩大到数万人的情况下,必须要考虑更换价值观的表述方式,采用朗朗上口的语言文字,让成千上万不同年龄、不同学历、不同文化背景的人都能记得住、说得出。为此,企业就不能再像当初那样,坐在办公室里由少数领导者采取精英式的思考来对价值观进行总结，而是要采用集思广益的会议讨论方式，充分听取企业内不同层级员工的意见，将共同智慧和意愿融入价值观中，使其能够代表每个人的心声。这是马云的智慧，也是他的信仰。

2012年，当马云参加美国知名主持人查理·罗斯的访谈时，他说：

"阿里巴巴的核心竞争力不是科技，而是文化。科技只是工具，阿里巴巴更重视价值、使命和愿景……在阿里巴巴里，客户第一，员工第二，股东第三。"

正因将客户和员工放在股东之前，因此，在提炼新的价值观表述方式时，马云才采用了其他企业罕见的大会方式。因为他深知，价值观不是做给股东和客户看的表面文章，如果不能得到员工的事先认同、不能代表员工的心声，无论如何表述的价值观，都无法成为企业文化精髓，无法产生实际价值。

会议结束之后，阿里巴巴崭新的核心价值观形成了，它支配公司的一切行为，是阿里巴巴DNA的重要部分——被称之为"六脉神剑"。正如美国管理学大师杰克·韦尔奇所提倡的那样，要对每一项价值观进行深入细致的描述，使它能够成为所有员工都可以理解和遵从的行动指南，"六脉神剑"充分做到了这一点。

"六脉神剑"的内涵具体如下。

客户第一：客户是衣食父母；无论何种状况，微笑面对客户，始终体现尊重和诚意；在坚持原则的基础上，用客户喜欢的方式对待客户；站在客户的立场思考问题，最终达到甚至超越客户期望；平衡好客户需求和公司利益，寻求双赢；关注客户需求，提供建议和资讯，帮助客户成长。

团队合作：共享共担，平凡人做非凡事；乐于分享经验和知识，教学相长；以开放的心态听取他人的意见，表达观点时，直言有讳；在工作中，群策群力，拾遗补阙，不是自己分内的工作，也不推诿；决策前充分发表意见，决策后坚决执行；有主人翁意识，积极参与，促进团队建设。

拥抱变化：迎接变化，勇于创新；对于行业各公司的变化，认真思考并充分理解，积极接受；对于变化对个人产生的影响，理性对待，充分沟通，诚意配合；面对变化，积极影响和带动同事；在工作中具备前瞻意识，不断尝试新方法、新思路；即使变化后产生了挫折和失败，也能重新调整，以更积极的心态拥抱下一次变化。

激情：乐观向上，永不言弃；对公司、工作和同事充满热爱；以积极的心态面对困难和挫折，不轻易放弃；不断自我激励、自我完善，寻求突破；不计得失，全身心投入；始终以乐观主义的精神影响同事和团队。

诚信：诚实正直，言出必践；胸怀坦荡，对事不对人；言行一致，不受利益或压力的影响；勇于承认错误，敢于承担责任；不传播未经证实的消息，不再背后不负责任地议论事和人；坚持原则，不随意承诺或妥协。

敬业：专业执着，精益求精；今天的事情不推到明天，自己的事情不推给别人；专注工作，做正确的事情；在工作上，以较小的投入获得高效的产出；持续学习，不断提升，今天的最好表现，是明天的最低要求。

正如马云所说："阿里巴巴全国各地的公司墙上，没有一个贴着价值观的。东西贴在墙上就完了，做不好了。阿里巴巴提倡的价值观和文化，不要停留在口号上，而要落实在行动上。""六脉神剑"将价值观分解成为上述30项具体内容，成为能够用来进行实际考核的硬指标，和员工的经济利益形成了挂钩，也成为组织与团队建设的基础。这些从文字上看非常"软"的价值观，通过具体的分拆性评价，转化为可以量化的因素，制约企业中的每个人。各部门每季度围绕价值观进行一次考评，员工先根据30项考核细则给自己打分，再由部门主管根据员工表现打分。主管会告诉员工，为什么会给出这样的分数、上季度他在团队中处于何种位置、哪些欠缺的地方要改进、哪些好的方面要保持。

阿里巴巴每个季度对全体员工的考核中，对价值观行为的打分，会占到员工总分值的一半以上。而反观很多企业，价值观行为表现只是起到参考作用，甚至只占据评价体系中很小的比例。显然，马云通过建构这种看起来颇为极端的评价制度，确保阿里巴巴的价值观始终保持明确的整合方向。

通过对"六脉神剑"的具体考核，马云确保将价值观装到员工心里，融入他们的血液，以此对员工是否融入企业文化进行考察。

马云所开创的"六脉神剑"价值观考核方式，将价值观从"务虚"的神坛中请了下来，形成了依托于硬性考核的软力量。

实际上，企业对价值观考核方式的重视点，并不应该在于考核本身，而在于价值观的传递和强化。即便在阿里，尽管价值观考核占据绩效考核50%的比重，而实际执行中，也不会因为价值观考核分数低就直接开除员工，除非是越过了道德底线。马云更重视的是通过这种硬性的方式，去展现价值观软性的力量，以沟通和宣讲的手段，去面对企业快速增长过程中，价值观必然会出现的稀释和异化。运用打分考核这样的硬性措施，能够将价值观灌输给员工,从而保证企业从早期形成的核心价值观能够贯穿整个公司。

可以说,马云将价值观视为企业的根本,将价值观至上的理念和对价值观的贯彻行为,集中体现在考核评分的手段上。这才是阿里巴巴在未来取得高绩效的根本,也是阿里巴巴文化落地的基础。企业不能只拥有强大的价值观,还要想办法将价值观去不断压实到各个层级的部门、各个岗位的员工行动中,员工才能在高压力下始终保持工作的激情,团队才能在不断的变化成长中,保持高效率的协作能力。

打造阿里的"四项基本原则"

马云身上有着很多响亮的头衔,他是阿里巴巴的创始人,也曾经是阿里巴巴的CEO,是这个在十余年内神奇崛起的企业的领导者……然而,对这些称呼,马云并不在意,他更喜欢自己另一重身份:阿里巴巴文化推广者、首席教育官、马老师。

这样的精神追求和文化特质,在马云打造企业"四项基本原则"的过程中展露无遗。从某种意义上而言,"四项基本原则"是另一个版本的"六脉神剑",它被赋予更多马云的个性化色彩,也表达得更具有吸引力和感染力。其前三项原则如下。

唯一不变的是变化

马云说:

"唯一不变的是变化。我们在不断的变化中求生存,在不断的变化中求发展。如果发现公司没有变化,公司一定有压力,所以说我希望告诉你们每一个人,看看你自己的成长,是否带来变化，Transformation 也是变化。我们的网站，Traffic，我们的 Revenue，各方面是不是有变化，我们的服务的策略是不是有变化。我们要不断地去适应这种变化，如果你觉得昨天赢的东西你今天还要希望这样赢，很难了。一定要创新，变化中才能出创新，所以要学会在变化中求生存。"

对此，马云还曾经解释说："公司必须要变化，如果不变化，去年是这样，今年组织机构还是这样，一成不变，是发展不起来的。"他从创立阿里巴巴之初到此后的所有行动，都印证了这一点。最初，绝大多数电子商务网络平台面向大企业，但马云追求的变化，是为中小企业服务；当阿里巴巴初步成功，获得投资进行全球扩张后，又是马云对变化的敏感，让他提前发现了互联网经济问题所在，并提前回归到国内，打出"中国供应商"的好牌进行自保；甚至价值观本身，从最初的三大原则，到"独孤九剑"，再到"六脉神剑"，也体现了马云对变化的主动拥抱与追求。

正是因为信奉"唯一不变的是变化"，阿里巴巴企业内部，几乎每个月、每个季度、每一年都在发生着机构变化、人员变化、职务变化、工作变化。这家偌大的企业由此始终保持新鲜的活力，永远不会因为庞大、臃肿而落伍于市场和时代。

永远不把赚钱作为公司的第一目标

马云说：

"永远不要把赚钱作为公司的第一目标。赚钱，它是个 Result（结果），不要把赚钱作为我们的目标，否则我们都会很累。我们真正要做的是帮客户创造价值，创造独特的价值，与其他所有网站其他企业都不一样，我们做的要比别人做得好。"

不把赚钱作为公司的第一目标，并不是马云的"自命清高"，而是他希望用价值观的推动而非金钱来形成员工的共同目标与使命感。他说：

"前面的方向都不一样，怎么弄？生意人一切以钱为主，什么赚钱做什么怎么行？商人是有所为，而有所不为，企业家是去改变社会，赚钱是他的一个结果，不是他的目的，很多生意人就是想把赚钱作为目的，怎么做也做不大。我们讲使命感、价值观和共同目标，我们的客户非常认同。我问客户，你们有目标吗？他说，有，我们要赚100万。我又问，你的员工知道这个目标吗？他说，不知道。你去问问我们任何一个员工阿里巴巴的目标是什么，每一个人都知道。大家统一目标，力量才会朝一个地方用。我们的企业不是为赚钱而成立的。赚钱是商人最基本的技能，但不是唯一技能。"

任何企业一旦将赚钱作为公司第一目标，就很容易陷入自相矛盾之中。一方面，领导者和管理层希望员工努力奔跑完成目标，去为企业赚来更多利润；另一方面，由于员工显然无法从利润中获得超过管理层的份额，他们不可能爆发出比领导者更高甚至接近的工作能量。这样，企业就很难做到真正的长久赚钱。

马云正是看到这一点，才将"价值观践行"而非"赚钱"设定为第一目标，事实显示，当员工首先为价值观而非赚钱工作时，阿里巴巴反而成为中国最能赚钱的企业之一。这足以说明，当企业家的目标放在如何塑造员工团队、如何打造企业文化时，赚钱就会成为结果，而根本不用成为第一目标。

永不追求暴利

马云说:

"阿里巴巴永不追求超额的利润,不追求暴利。我们追求公平合理的利润和收入。公司要追求公平合理,我们每个员工对自己的收入也要公平合理。因为人好了总是还想再好,但是我觉得公平合理才能有利于长远。"

提出永不追求暴利,马云首先是基于企业和自身的安全考虑。"月满则亏",深谙中国传统文化的马云很可能是从"满招损谦受益"的古训中感受到暴利的可怕。他直接表示:

"阿里巴巴永远不追求超额利润,因为只有公平合理才能让你走得远,如果追求暴利是会死的。"

因此,面对可能获得巨大利润的某些领域,马云直接表态,阿里巴巴不会参与,也不会投入。

例如,马云曾经直言不讳地表示自己看好区块链技术,但对暴利感十足的比特币,他却说:"我没有太大的兴趣……我们看它要非常小心,我对比特币不是很了解,我也总是好奇,你们是比特币爱好者,我不认为离不开比特币。"而阿里的投资人孙正义,却在不久之后因为投资比特币而损失了超过1.3亿美元。[1]

拒绝暴利的另一个原因,是马云所倡导的企业家责任心。他说:

"阿里巴巴入会价还是很低的,这个社会是市场经济,阿里巴巴今天不能垮。以前我们是一个梦想,今天我们要把它变成真的。我以前出差的时候,问过一位大姐一个月工资多少,她说300多块钱。我觉得,如果大批中小企业破产的话,会影响到一批人……"

---

[1] 人民日报海外网,2019年4月29日.

实际上，2003年开始运行的淘宝网，其业务本身也体现了反暴利的阿里价值观。马云曾经讲过这样一个故事：

马云有一个朋友，从香港当地购买了玩游戏的筹码，价格是1.3万元一套，门店里还有1.5万元一套和9000元一套的。听说这件事后，马云到淘宝上查了一下，价格是350元。他说给朋友们听，大家的第一反应是"假货"。但事实上，生产这套筹码的工厂在浙江金华，产品出口美国，香港门店再从美国进口，等中国内地的消费者去往中国香港购买，价格自然就高了。而如果消费者通过淘宝，直接在淘宝上购买金华工厂的自有产品，相同的产品确实只是这个价格。

阿里巴巴不仅反对自身的暴利，还要反对各行各业的层层暴利。淘宝网正是基于这样的价值观所创建的网购平台，只有企业懂得适当让利，为消费者争取好的价格，消费者才会给企业回报以很好的销量。

"计利当计天下利"，任何一个企业家在建构价值观时，不能只想到企业本身利益，更要考虑到全社会可以从这份价值观中获得什么。不能只看到眼前的利润收益，更要为企业未来的成长壮大腾挪出合理的空间。

马云把不以赚钱为第一目标、提倡远离暴利写进公司的价值观，体现出他对变化的渴求，对固步自封的厌倦。他努力通过合理、健康的价值观内容，去打破多少年来束缚全世界企业的陈旧追求，转而去规范、约束企业和员工的行为，保持与行业和社会的健康关系。这已经超越了单纯的价值观范围，其中蕴藏着深刻的管理智慧和人生见识，影响着阿里的过去、今天和未来的发展方向。

客户第一、员工第二、股东第三

很多人认为,马云是非常"西方化"的中国企业领袖。从他娴熟的英语口语,到幽默平易而机智敏捷的表达方式,从年会上的搞怪演出,再到频繁出现在公众场合,都让他看起来比许多海归企业家还要海归。

然而,在马云提出的"四项基本原则"中,第四项,关于客户、员工和股东的排序,却直截了当地颠覆了这种形象。在西方,任何企业都将股东利益列为公司的最高奋斗目标,但马云却对此不屑一顾。他说:

"华尔街相信股东第一,股东第一问题就大,今天要这个,明天要这个,这样的话基本上就完蛋了。因为绝大部分股东不会明白你的战略,绝大部分股东不明白你的痛苦,绝大部分股东只是从数据上分析你,而你是最了解自己的。所以我先告诉大家,不要认为股东总是对的,但是尊重听他们的,最后决定还是你做的。"[1]

既然"股东第一"的价值观不足取,那么马云将谁放在第一位?答案是客户。马云如此解释:

"在21世纪,如果你想成功,那你就要记住:客户第一,员工第二,股东第三。客户第一,就是指做生意要讲诚信,一切的努力都是为了客户。员工第二和股东第三,最近争议很多。我前几天在香港的股东大会上讲这句话时,有人说,马云,早知道你把股东排在第三位,我就不会买你的股票了。我说,还来得及,你现在可以卖掉股票。是谁给我们钱?是客户。是谁创造了价值?是员工。改变我们、影响我们、帮助我们成长的,是我们的员工。"

放眼全球,敢于在价值观中将股东排到第三序列的上市公司,恐怕也只有马云和他的阿里巴巴。实际上,马云自己也说:

"当我说是客户第一、员工第二而股东第三时,很多人都认为我愚蠢而疯狂。"

他为什么要"冒天下之大不韪"来颠覆数百年来股份有限公司的价值追求阶梯呢?理由无他,在于"唯一不变的就是变化"。

在马云看来,旧有的上市公司价值排序逻辑必须要变。

传统企业之所以将股东放在第一位,在于他们认为通过上市拿到了股东的钱,股东价值必须排名老大。更不用说,资本市场上随便的风吹草动,就可能让企业的股票价格翻云覆雨,而这会直接关系到领导者的个人财富数字。

但马云并不这样思考。他认为,阿里巴巴创造价值,对社会作出贡献,也让客户成长,客户因此才付给阿里巴巴钱,阿里巴

---

[1] 2016年亚布力论坛的讲话.

巴才能成长。当然，股东也付给阿里巴巴钱，但这些钱并不是阿里巴巴成长的根源，而是股东对阿里巴巴所主动投入的信任，是为了从中赚钱。谁应该排名首位，自然一目了然。

马云在不同场合都推行、宣讲这种观念，他还曾经用他亲身经历和听说过的故事，解释为什么客户应该排第一名。

杭州有一家很有名的饭店，已经在北京、上海、南京开了多家分店，想要去这家饭店吃饭，需要提前好几天预订座位。当初这家饭店规模还很小的时候，马云到那里去吃饭，他点好菜等在那里。过了五分钟，经理来了，对马云说："先生，你的菜再重新点吧。"马云不解其故。经理说："你的菜点错了，你点了四个汤一个菜，回去的时候，你一定说饭店不好，菜不好。其实，我们很多好菜，你应该点四个菜一个汤。"马云觉得，这家饭店很有意思，是真正地为客户着想。

另一个故事则是马云听来的：有一天，一辆车在芝加哥暴雨中停在十字路口，因为刮雨器坏了，开不了，司机也不知道怎么办。突然雨中冲过来一个老人，把刮雨器修好。司机问他是谁，他说，我是丰田公司的退休人员，我看到我们公司的产品碰到这个问题，尽管我退休了，但是我有责任把它修好。[1]

马云经常同外界分享类似的故事，他通过这个故事告诉员工，无论企业大小，都应该为客户着想。客户成功，员工和企业才会成功。

重视客户就意味着重视员工。在新经济时代，直接面向客户服务的是员工。如果没有积极主动、充满快乐和激情的员工，也

---

[1] 2010年10月29日，在创业板专委会成立仪式上的致辞。

就无法为客户创造应有的价值。正因如此，没有满意的员工，就不会有满意的客户，没有满意的客户，绝不可能有满意的股东。

马云推出"四项基本原则"四年之后，全球金融风暴爆发，互联网企业再次受到冲击，马云面临着现实的考验：年终奖究竟发不发。

当时，整个市场上破产倒闭浪潮此起彼伏，全世界企业都在降薪、裁员。但马云认为，2008年是阿里巴巴创办九年以来最成功的一年，不仅躲过了金融风暴，还做了大量调整，员工也做了大量改进。因此，他坚决提出，应该给员工年终奖，还要给优秀的员工加工资。做出这个决定后，赢得了阿里上万名员工的支持和拥护，人们相信，"客户第一，员工第二"绝非虚话。

当然，对投资者和股东，马云抱持着尊重和感恩的态度。

但如果将股东放在第一位，企业经营者的压力就会变得过大。因为在马云看来，很多股东并不了解他们，对他们一味重视和推崇，就很可能导致企业发展方向的迷失。因此，将股东放在第三位，并不是看不起他们，而是在资源分配过程中，所必须做出的决策。而且，公司一切业务活动都需要对股东透明，服务好客户，培养好员工，才能最终保障他们的利益。

事实上，那些长期投资阿里的大股东，比如软银、雅虎等，都获得了不错的回报。阿里巴巴在美国上市后的第二年，股票就跌破发行价。但马云并不为之所动，始终高速增长的业绩很快吸引来了美国股东，从2017年开始，股价大幅飙升，阿里的市值已经达到4800多亿美元，成为亚洲第一股。任何长期持有阿里巴巴的股民，也都赚得盆满钵满。

好的企业，一定是以客户为中心，以市场为导向的。企业家很容易犯下的问题，就是在最初创业时重视客户，而当生意做大之后，企业内部作风变得越来越官僚化，距离市场和客户越来越远，企业家自己也变得距离员工越来越远。这种以自我为中心、以盈利为导向的问题，会忽视客户的感受与市场的需求，进而产生盲目决策和行动。这样的企业，即便有强大的股东支持，在竞争激烈的商战中，也难以支撑太久。

正如马云所说：

"我觉得真正的企业做大，不仅仅是利润，而是去关心你身边的人，关心你的员工，关心你的客户，还要想有一天企业做大以后，以前我最了解的是客户，今天我不了解客户，因为我没有时间了解客户，那么谁了解客户呢？我的员工，我的同事。那么如何让你的员工成长？我相信没有他们的成长，也不会有你公司的成长。"[1]

---

[1] 2010年10月29日，在创业板专委会成立仪式上的致辞.

第七章

积极融合，不放弃任何团队成员

自创业成功以来的绝大部分时间中，马云总是被鲜花、掌声和镁光灯所包围，但马云从未因此而陶醉不醒。相反，他深深了解团队的作用，懂得聚人、容人、用人、留人。虽然外界曾经对他有"狂妄"的议论，但其实他的"狂妄"从未体现在团队管理上。相反，他始终保留着一份大侠般的清醒：门派很成功，不是因为某一个人很厉害，而是因为整个门派都厉害。

绩效考核，杀掉"野狗"和"末位"

2002年开始，随着管理人员的增多，阿里巴巴开始建立一套严格的绩效考核体系。

这套体系的滥觞，来自于关明生从美国通用公司带来的"末位淘汰制"。但马云却创新性地将东方武侠文化融入其中，形成了特色鲜明的"271"考核制度。

和许多企业不同的是，这套"271"体系不仅用于经理及以下员工，也用于公司高管。所有高管必须按照一套对应的平衡积分表进行考核，其中包括团队、战略、价值观等指标。考核人员上至总监级别，下到部门经理。到2007年，考核的范围继续扩大，由原来只限于总监及以下级别，上升至副总裁。考核内容则从平衡积分表考核，扩大为对包括价值观、领导力和个人特质等。马云希望通过这种考核上的转变，促使高管层朝战略领导型人才转变，提升领导的价值观、战略、人格魅力等软性领导力。

究竟什么是"271"？一言以蔽之：各部门主管按照20%超

出期望，70%符合期望，10%低于期望的比例，对员工工作表现进行评估。而划分的准则，就是能力与价值观。

20%超出期望的员工业绩好、价值观认同度高，能够树立为榜样；70%的"猎犬"型员工，则是企业中坚力量，阿里巴巴会为其提供各种锻炼机会，使其能够在最短时间内独当一面，尽快成长为示范者；而最后的10%员工，则属于坚决裁撤的对象。

马云是这样解释10%员工包括了哪些人的：

"从阿里巴巴刚刚创立到今天，不管部门大小，我们考核员工的标准始终是两个，一个是业绩，另一个是价值观。如果一个人业绩很好，但没有价值观，我们管他叫作'野狗'，在阿里巴巴，这种人是一定要踢出去的。还有一种人，业绩虽然不好，但他的价值观非常好，我们叫他们'小白兔'，'小白兔'也是要杀掉的。阿里巴巴留下的人必须是业绩、价值观都好的人。"[1]

虽然"末位淘汰"制看起来很残酷，但马云表示，这是必需的："我们公司是每半年一次评估，虽然你的工作很努力，也很出色，但你就是最后一个，非常对不起，你就得离开。在两个人和两百人之间，我只能选择对两个人残酷。"

马云向来是说到做到的。2005年，在一次业务知识考试中，马云发现有几份试卷答案一模一样。他调出这些试卷，发现其中包括了一名广东的区域销售经理，还有几名同团队的业务员。显然，这几个人存在明显的作弊问题。虽然他们平时的工作业绩很出色，但马云一贯强调诚信，将其作为阿里的核心价值观来看待，而他们的行为，显然是触碰了"高压线"，马云立即将作弊者全部开除。

---

[1] 2001年，厦门会员见面会上的讲话.

或许，马云作为公司的最高领导者，完全有借口和权力去留住这些"野狗"。毕竟，在很多老板看来，决定员工企业地位的应该是业绩。但马云并不这样想，他看重的是每个员工会给团队带来的全面影响。正如同有人问他，阿里巴巴聘用能干的员工还是听话的员工时，他所做出的回答是：

"我既要听话又要能干，因为我不相信能干和听话是矛盾的。能干的人一定不听话，听话的人一定不能干，这种人要来干什么？不听话本身就是不能干，对不对？"[1]

马云的这番话，生动诠释了阿里巴巴对团队成员的考核标准：能干，才会有好的工作业绩；听话，才会认同企业的价值观。任何企业的团队管理都离不开考核，而考核则必然缺少不了淘汰。但企业领导者往往会在淘汰什么样的员工这一问题上犯难。马云则用其实际管理行动证明：真正的大企业，之所以能够发展数十年、上百年依然活力十足，其很重要的原因在于既要淘汰那些无法出业绩的人，更要淘汰那些敢于违背企业价值观的人。

有了淘汰，企业才会不断有人离开，并不断补充新人。新人中必然会有能力出色的人，能够顶替老员工的位置，并尝试超越他们的业绩。而老员工为了不被淘汰，就必须加倍努力，争取更好的成绩。经过长期的末位淘汰制，对不同绩效级别的员工进行奖励或淘汰，既能够兼顾公平，又提高了员工的工作积极性。这样，团队内就会形成良性竞争，离开的人难有怨言，留下的人也必须时刻努力。

---

[1]李强著.马云的团队经 老板打天下，团队定江山[M].北京：金城出版社，2015.11.

这样的团队，才能既"能干"又"听话"，才能相互尊重和理解。由于留在团队中的员工，嗅觉灵敏、能力超强、意志坚定而又坚决服从，企业才既能在欣欣向荣时团结发展，也能在危机来临时迎难而上。

当然，马云之所以是马云，就在于他不仅会用"末位淘汰制"来提炼团队，更懂得用尊重来化解一切心结。这一点，尤其体现在阿里巴巴对雅虎中国的收购过程中。

"迎娶"雅虎，用尊重消弭鸿沟

2005年8月，马云一举完成了震惊中国的商业并购。阿里用40%的股权收购了雅虎中国，并得到了10亿美元的"嫁妆"。

一直以来，马云都渴望将阿里巴巴这家中国互联网公司打造成"世界最好"的公司。而在他看来，全球化是必由之路，针对全球化战略布局的跨国并购整合，也是必须迈上的征途。马云曾说："我想把跨国公司的一条腿砍下来，好好研究，然后安在我自己身上，就可以全球化了。"

收购雅虎，某种程度上满足了马云的愿望。但他很快发现，雅虎中国带来的并非完全是全球化，而是更加"中国"。

当时的马云和阿里巴巴还远没有今天如此出名，淘宝刚刚诞生两年左右，阿里巴巴还面临着其他电商平台的竞争。相比之下，雅虎是全世界最早的互联网巨头，在内容门户、搜索、即时通讯、电子邮件等领域，此时依旧处于全球数一数二的地位。

因此，在新闻发布会上，不少记者代表舆论提出疑问："究竟是雅虎购买了阿里巴巴的股份，还是阿里巴巴并购了雅虎中国？"对这个问题，马云只是笑笑，聊起了他和杨致远当年在北京一起爬长城的往事。

实际上，记者的问题代表了许多雅虎中国员工和高管的疑惑，虽然马云相信，与雅虎中国的实际资产相比，人员队伍才是最重要的，双方尽量稳定地完成融合，是他所期盼的结果。但在雅虎中国团队中，焦虑、迷茫、沮丧、愤怒、怀疑……各种情绪五味杂陈。毕竟，雅虎中国曾经是国内互联网最响亮的品牌之一，更不用说雅虎公司此时还依然强大。

如何让继承硅谷血统的雅虎中国，尽快融入湖畔花园小区起步的阿里巴巴团队中，是对马云和他的同事们管理能力的重要考验。

8月13日，时任阿里巴巴董事局主席的马云，带着"雅虎中国新掌门"的光环踏进了雅虎中国的办公室。他环顾四周简陋的环境，立刻理解到这些高管们寄人篱下的心情。因为无论企业大小，绝大多数被并购的公司员工，对新来的领导都会抱有一定的疏远感甚至敌意，但马云决定立刻用行动消除他们的担心，让他们树立信心、重新振作。马云在开场白中说道："首先，我很抱歉，因为制度要求，我不能预先和大家沟通。其次，请大家给我一个机会、一些时间，留一年下来观看。最后，希望大家在一个有空调、像公司的地方舒舒服服地上班。"

这段话言简意赅，但包含了多层意思：首先，马云解释了自己为什么不能提前与团队交流，避免了雅虎团队的误会；其次，他既请求大家留一年来观看，也包含了"不行到时候再走也可以"的意思，减轻了所有人的心理误会；最后，他做出了承诺，要改善整个雅虎中国团队的办公环境，让他们得到应有的尊重和待遇。

这番话，充分缓解了雅虎中国团队的紧张和不安。毕竟，这家公司自从进入中国以来就缺乏业绩，8年间换了6任CEO，堪称"烫手山芋"。很多人听说被那个"张狂"的马云收购后，都开始担心自己未来的职业生涯。但此时站在他们眼前的马云，却低调、平和而严谨，令他们放下了心中的重担。

随着接触的深入，马云感觉到自己面临的不是简单接收，而是必须再造雅虎中国团队，建立起有效的管理体系。尽管此时公司还有400多名员工，但人力资源和财务部门骨干流失，一般员工责任心涣散，公司缺乏灵魂人物，也没有人具备当总经理的经验。

马云当机立断：

"首先必须护心。很多收购一开始就奔着业绩去，而我认为阿里巴巴是在布局，即便一两次战斗失败也没什么。"

马云拿到了一部分雅虎中国管理层和关键员工的信息，并立刻开始和这些人员逐一展开深度交谈，希望能够留住核心人才，稳定士气。为了拉近和雅虎中国员工的距离，在并购宣布一个月后，马云将雅虎中国400多名员工用专列请到了杭州。

即便今天，当时的场景还令许多人记忆深刻：早晨，火车刚到杭州，每个雅虎中国员工都收到一个小袋子，里面装着两个热包子、一瓶旺旺牛奶，外加一包口香糖和餐巾纸。十几辆大客车将雅虎员工们接到欢迎宴会现场，车队经过的马路两侧，满是挂着"欢迎回家，欢迎雅虎回家"的条幅。在晚上的酒吧狂欢上，马云亲自领舞。

一系列的融合行动下，两个团队之间的鸿沟逐渐被填平了。正如雅虎中国高管田健后来所感叹的那样："雅虎所有的员工包括我个人，我们起初确实对阿里巴巴没有好感"，"但是你进来以后……渐渐有了好感。"

虽然如此，在收购初期，竞争对手依然不断有针对性地从雅虎中国挖人。马云于是将所有雅虎员工召集在一起，告诉他们，在9月27日前走的，给N+1补偿，而且期权全部套现。但之后走的，一分钱也没有。

马云宣布完政策后，最终只走了30人不到，人员流失率只有4%。对于如此规模的并购来说，确实是一个难能可贵的数字。

到2005年底，雅虎中国的业务有了起色，团队也恢复了凝聚力。马云在当时接受《中国企业家》采访时说道：

"产品比之前好了很多，团队好了很多，有精气神多了。但我也遇到了7年来都没有遇到的问题，白发都有了。"

九年后，即2014年，由于市场原因，阿里巴巴最终选择了关闭所有中国雅虎部门，将原有员工分解到其他部门。但2005年的这次并购，是马云创业以来第一次尝试对团队和团队之间进行融合，并积累了相当成功的经验。此后，阿里巴巴并购虾米网、口碑网等企业，这些经验发挥了重要作用。

任何企业在发展过程中，都有很大可能遇到团队之间整合的情况。此时，如何让新团队与老团队相互融合，是摆在企业领导者面前的重要课题，也是帮助企业获得新鲜血液的关键一步。

表面上看，新老团队之间的融合存在问题，但实质上更多涉及领导者和新团队关系、新团队对老团队认识问题、新团队自身定位问题等等。这就需要领导者能够放低姿态，一方面注意关心和帮助新团队，让他们迅速了解环境、熟悉企业、理解文化，另一方面则要注意利益和资源分配的公平公正原则，让新人感到自己并没有在新环境中受到压制和歧视。与此同时,也应该像马云那样,以适当的条件,尽快将动摇不定的员工"请"出企业,避免他们留在团队中不断散发负能量。唯有如此,那些愿意留下来的新人才感觉自己受到了尊重,新老团队成员之间才能逐步建立亲密的关系,有效减少冲突,形成和谐的团队氛围。

正是依靠这些,阿里巴巴这家企业从"十八罗汉"发展到数万人的员工。而在每一次融合中,马云对新团队成员的尊重与肯定都发挥了重要作用。

用心管理，提倡闻团队的"味道"

在企业管理中，团队的人气，是影响团队运行效率的重要规则。出色的创业者能够凭借其魅力和资源，组建强大优秀的团队，但只有敏锐而优秀的企业家，才能始终将整个团队的人气指数保持在出色的水平线上。尤其是在企业发展过程中，总是会遇到各种各样的问题，团队成员们内心如何面对这些问题、如何看待领导的解决方式，会决定未来的士气高低，决定企业的发展水准。因此，马云对人气最为在意，也最擅长拿捏人心。

2005年，马云在广州网商大会上，谈到了自己如何去感知和管理团队人心。他说：

"其实做管理者，我喜欢用鼻子去闻公司。走进去之后，我就知道这个团队有没有问题。而且，我知道这个团队是由于什么原因而产生的问题。一个CEO应该非常敏感，一个公司团队里面的人气非常之重要。"

很多老板曾经历过创业期间的艰难困苦，那时，为了谋求企业的生存，他们能够和创业团队起早贪黑地打拼。但当企业形成一定规模后，他们就开始习惯于安稳地坐在宽大的办公桌背后，听取一波又一波下属毕恭毕敬地汇报工作。然而，马云却并没有这个习惯。在阿里，他经常会笑容可掬走到公共办公区，有时候手里还会习惯性地摆弄着橡皮棍。他会随便走到某个员工身边，亲切地和他交谈，拍拍肩膀，倾听对方工作中的难题。这就是他所说的"闻味道"。

通过"闻味道"，马云能第一时间了解员工团队的工作状态和情绪。同时，这种特殊的上下级沟通方式，也不会让员工们感觉唐突，反而越来越习惯于老板的随时到来。

曾经担任马云助理的陈伟，在他的著作《这就是马云》中，写过这样一个故事。

2009年年初，马云去B2B上海分公司。从大办公室走过时，那里的员工表现出和其他地方员工一样的热情和惊喜。但当马云走进主管办公室后随即问道："你们这里有问题，你告诉我，发生什么事了？"

主管非常惊讶："今天早上是出了点事，马总您怎么知道？"

马云说："我觉得员工的热情背后有一丝不安的情绪。"

在场所有人都感到惊讶，也包括陈伟在内。他这样回忆道："我完全没有察觉到有啥异样。类似的事情，之后还发生了好几回，这是我永远也学不会的，崇拜一下就好了。"

这个习惯从马云创建阿里巴巴，直到退休之前，从未中断过。

2017年12月19日下午，马云又来到淘宝的消费者维权部门视察，随意地坐在一位女客服的工位旁，戴上了专业耳机，和她一起聆听淘宝客户的投诉。

一位消费者打来了电话投诉。大概是对女客服给出的答复不满意，消费者当场就发起火来，语气冲动地说道："好了，你不要说了！你让马云给我接电话，我要马云亲自给我解释！"

客服无奈地笑了笑，转头看了看马云。马云点点头，对电话那头说道："您好，我是马云……"

这天下午，马云听了多个电话。虽然不断有人催促他"后面还有很多会，得走了"，但他依然坚持听完了最后一个投诉，从消费者到商家再到回访的整个服务链。

马云就是这样，能够随时随地出现在基层员工身边，和他们一起面对客户、面对问题。正因如此，他才能时刻"闻出"团队的士气高低、人心向背。对此，他得意地说："谁积极谁不积极，我一闻就知道了，根本用不着让主管来汇报。我只相信眼睛，只相信鼻子。"

其实，不仅是马云本人，整个阿里巴巴集团的管理层都形成了"闻"团队士气的习惯。马云这一天之所以会选择到维权部门"闻味道"，其实也参与阿里首席客户官吴敏芝所推出的"亲听"计划。这个计划向阿里全员发起号召，目的是要求业务决策者能够深入服务一线，解答客户问题，面对面倾听客户最真实的声音。当吴敏芝在阿里高管群里发出这个倡议后，马云第一个报名参加了这个活动。随后，包括阿里巴巴集团首席技术官张建锋、首席人力官童文红、首席平台治理官郑俊芳等在内的近500名管理者，都来到服务一线旁，了解基层员工的工作情况，"闻一闻"团队与客户之间服务的味道。

领导者对团队气氛的敏感是非常重要的。通过"闻味道"，领导者可以根据企业内的实际情况，了解团队氛围情况，引导团队始终保持活跃高效。另一方面，领导者采取下沉式的姿态去观察团队情况，能够在团队士气低落时，及时采取措施激励员工。尤其当企业困难、人心浮动、信心降低时，如果领导者依然高高在上，就会导致团队进入恶性循环：企业经营出现问题——无法提供员工期待的激励——员工士气低落——工作效率低下——企业经营更加困难。而在此过程中，领导者如果只能采用片面的"负激励"如罚款、降薪、裁员等，只能让员工士气更加降低。实际上，越是这种情况下，领导者越是需要去找出氛围不佳的根源，然后制定解决方案。

"闻味道"这个方法，还被引入了阿里巴巴团队建设过程，马云创新设立了"闻味官"。招聘任何人，即便部门领导、领导的领导都通过了，"闻味官"也会一票否决。"闻味官"全部都是经验丰富的老员工，这个职位的作用，就是判断被招聘者是不是真正与阿里巴巴团队价值观相符的人选。他们的工作，能最大限度防止破坏团队气氛的力量被无意中"混"入企业。

阿里巴巴从创业初期到发展时期，经历过多次挫折风浪，但团队整体却始终能够保持良好旺盛的士气，马云所提倡的"闻味道"管理方法，确实是个中的重要原因之一。

"政委"体系,不断改造和学习

2005年,两部军事题材电视连续剧《历史的天空》和《亮剑》,在全国上下引起了轰动,也让从小爱看英雄故事的马云很感兴趣。

马云专门组织了阿里巴巴的一些高管看了这两部电视剧,然后做出了点评。他评价《历史的天空》时说道:

"这是一部很好的电视剧,讲述了一个农民如何逐步成长为将军的故事,主人公姜大牙一开始几乎是个土匪,但是通过不断学习、实践,不仅学会了游击战、大规模作战、机械化作战,而且还融入了自己的创新,最终成为一个百战百胜的将军。与众多的中小企业一样,阿里巴巴也希望员工像姜大牙一样,不断改造、不断学习,还要不断创新,这样企业才能持续成长。"

一直以来,马云喜欢用革命军队的历史来比照阿里巴巴的发展。而此时,阿里巴巴也即将要走上迅速发展的阶段。为了参考这部电视剧,马云专门买来几十张DVD,发给总监一级的阿里巴巴管理层,要求他们仔细学习电视剧《历史的天空中》政委张京普的本领。

政委,原本是具有中国特色的军队领导职位。政委主要负责掌握部队工作的政治方向,辅导军官的政治学习,传达上级的政治思想。无论是战争年代还是和平年代,政委的作用就在于确保党对军队的领导。随着阿里的扩大,马云也希望能够在企业层级增多、跨区域发展成为趋势的情况下,在一线员工中确保团队价值观的传承。

很快,阿里的"政委体系"形成了。这套体系从组织结构上分三层,最基层的是"小政委",分布在具体城市区域,与区域经理搭档;往上一层,是与高级区域经理搭档;再往上,就是阿里巴巴的人力资源总监。

在这套体制中,最为关键的、也是数量最多的,当数"小政委"。

"小政委"们工作在基层,能够深入业务部门,了解业务部门的工作内容和策略,然后从业务部门需求出发,制定符合他们的人力资源策略。再利用这些策略,向员工宣传、强调和确保团队的价值观,并为基层人力资源培养和管理提供更全面的支持和服务。这样,整个阿里基层团队,就能通过"小政委"们一级一级连接起来,贯通到阿里巴巴的总部。为此,阿里巴巴的政委和员工比例高达1:40,比一般的跨国企业HR与员工总数比高两倍以上。

"政委"体制,在收购雅虎中国之后发挥的作用很显著。

当时,雅虎中国搬到了位于北京CBD一隅的温特莱中心,由于历史上多次的并购整合,其员工来源复杂,包括原雅虎、原3721、部分从263过去的员工,也有从阿里巴巴调过来的员工。

从阿里派往雅虎的HR主管戴珊,也担任了"政委"这个职务。她说,自己最初内心感到非常折磨,恨不得马上将雅虎的所有做法都变成阿里那样。但是，马云告诉她，雅虎需要的是具有自身特色的阿里文化。

戴珊受到了启发，她开始身体力行从小事做起，改变雅虎团队的气氛。她发现，雅虎员工缺少相互的欣赏。于是在电梯里，只要看到戴有雅虎员工卡的人，即便不认识，也会主动微笑打招呼。2006年年底，戴珊和同事们精心策划了一场年会，并秘密邀请了获奖员工的父母来到现场，说出了他们对自己孩子工作的支持与感想。在场的获奖者甚至观众都被感动得热泪盈眶。

除了这些工作外，戴珊还为雅虎的员工们提供业务之外的咨询和关怀，并和团队成员们有了很深的情感。直到她离开工作岗位回到杭州之后，还意外地收到雅虎一名技术员工的邮件，向她咨询对自己今后职业发展的意见。

团队的形成并不是一蹴而就，也不是在纸面上画出组织结构图就能完成的。团队如何形成，对企业的影响似乎看不见摸不着，但又至关重要。一个成熟的企业，不仅应有完善的制度去规范团队成员的行为，更要有具体的岗位，在日常工作中结合实际，去随时了解团队成员的行为和思想状况，发挥权力监督与约束作用，同时也能随时帮助团队成员去解决问题、提高效率。换而言之，"政委"就如同一个个"小马云"，成为阿里巴巴企业价值观、使命感的化身，扎根在每个层级的团队中，与团队共同进退和成长。当员工在阿里工作的每一天，都能感受到来自"政委"的关心和帮助，情感上是充实和依赖的，工作业绩自然也会随此提高。

当然，只有"政委"体制还不够。"政委"负责对每个团队内部员工的成长加以监督和关怀，而企业作为一个整体又如何去确保数万名员工无一被忽视而掉队？马云想到了企业的内网文化。

"阿里味儿",公开化的优势互补

2009年7月,阿里巴巴集团新内网"阿里味儿"网站正式上线。这是一个以 Web2.0 为技术基础搭建的公开、透明的无障碍沟通平台。这个平台最大的特点,就是没有任何匿名措施,从员工到高管,每一个阿里人都能够不论层级讨论任何事情,可以发表任何观点而不论对错。

其实,阿里巴巴早就有了类似的公开透明的讨论平台。在马云的要求下,企业建立了 Open 信箱、圆桌会议、企业内刊《阿里人》、员工满意度调查、内网留言板等多种多样的沟通渠道,确保员工和管理人员高效、畅通、透明交流。

阿里味儿上线之后,受到了阿里内部的广泛关注。销售和客服部门,可以在内网上对问题产品进行反复"挑刺",而产品开发团队自然也可以在上面辩护解释。有时候,围绕同一个问题产品,员工们一天能够花数小时进行讨论,一些尖锐的批评意见甚至会刷出数百页帖子,类似"支付宝钱包"这样的产品,就是在不断被"吐槽"的过程中，一点一滴完善成长起来的。

实际上，阿里味儿并不是只有产品讨论的内容。任何事情都可以被搬到上面进行讨论。当阿里集团公司总部从城区搬到西溪园区之后，员工上下班增加了很多时间，很多员工感到不满意，阿里味儿上出现很多帖子，指责说"员工第二"的价值观哪里去了。很快，公司内部就及时提出对策，解决了问题。

还有一次，一位被高管辞退的员工，在阿里味儿上发帖指出高管的不公正，帖子发布后，获得大量同事的支持。随后，高管也做出了及时回应，说明原因和意见，同样获得了跟帖支持。最终，双方意见针锋相对，阿里时任 CEO 陆兆禧直接出面，将人事部门负责人、当事员工和主管都叫到一起进行公开讨论，并将现场情况对所有员工进行同步直播。

有些时候，内网上的内容甚至根本和工作毫无关系。其中有个板块名字就叫"畅所欲言"。公司大事件、新产品上线、好书分享，甚至是捡到一只猫，出售家乡特产，急求一个充电器借用等内容，宽泛得几乎毫无下限。

马云本人也经常逛阿里味儿，而且经常跟帖。早在 2005 年，他就说：

"我们反对在内网上实行匿名制，倡导的是 Open 的文化。匿名制只会使人与人之间互相怀疑、猜测。他可以很不负责地说一些很不负责的话，或者他说的话是负责任的，但他又不愿意说他是谁或别人是谁，而使公司的员工都在猜测。阿里巴巴是所有员工的，是股东也是我们会员的。我们没有什么话不可以说。"

阿里味儿虽然只是一个内网，但又远远不止于内网。它象征着阿里从早期开始"简易"价值观的传承。正因如此，马云才能

信心十足地说:

"我们的内网在公司内部是完全开放的,两万名员工只要你敢问,我们就敢回答!"

在股东大会上,他也对数百名股东作出同样的承诺:

"公司里的任何制度,只要你敢问,我就敢答,没有任何隐瞒。"

这种良好的团队沟通方式,才能打造出公开、透明的团队工作环境。在这样的环境中,一旦出现问题和矛盾,员工之间不必隐瞒和抱怨,而是能够简单直接地围绕问题本身加以讨论解决,这使得整个阿里团队虽然庞大,但工作效率却能变得更高。

正如在阿里待了17年的资深HR王丽君(阿里花名芳原)所写的那样:"在一个组织,如果我们无法在底层对话,那是很糟糕的。越是聪明的人在一起越麻烦,聪明的人越相信自己,越觉得自己对。那整个组织的效能是非常低的,人越多,效能越低。"阿里的公开沟通机制,让每个员工由于职位、年龄、性别、收入、利益而形成的"面具"被彻底卸下,展现出的是真正的"底层人格"。这样,每个人就能将有限的精力放在真正有价值的事情上。当团队内所有人在"底层人格"上相互了解、相互信任,他们才能团结一致,应对不断迭代变化的上层业务和技术。

职场中曾经流传过这样的段子:"管理者如同树上排队的猴子。从上面往下面看,都是笑脸;从下面往上面看,都是红屁股。"无论是创业者还是企业家,最可怕的就是不知道团队正在想什么,正在做什么。即便马云这样拥有了充分资源和实力的人,当他需要团队去解决问题时,也必须先知道真相如何。而非匿名的内网沟通机制可以确保每个人都能真实面对整个组织,愿意正视和谈论问题与困难。

自然，团队信息的高度分享，不等于所有信息都是绝对分享的。企业内有业务机密，在许多情况下，信息并不可能随时对任何成员都公开。在阿里，内网的帖子也一律不得随意转载和发布到公共网络上，否则必定会遭到公司管理部门的"封杀"。但总体来说，一个高效的团队，信息分享、公开沟通和坦率沟通，能够带来团队成员之间相互信任和彼此平等对待的良好局面，也能让领导者在决策时拥有充分的依据。马云和阿里巴巴在打造团队沟通渠道时所体现出的智慧，不仅在于为信息公开和共享提供渠道，更在于为之营建出共同认识和基本准则，得到了绝大多数员工的理解和支持。恰恰是这样的智慧，让这家企业与其他许多企业相比，拥有了更为良好的运行状态。

第八章

工匠精神，成就伟业的灵魂

在一个行业内专注工作、出类拔萃的人，才会被尊称为工匠。而这些人身上所具备的严谨、专注与敬业，就是工匠精神。工匠精神是对产品的精雕细琢，对服务的完美追求，是技术工人的职业灵魂。

虽然马云从来都宣称自己不懂技术，也从不把阿里巴巴定义为一家高科技企业，但在他和员工不惜花费时间和精力对产品和服务反复改进的过程中，人们看到工匠精神是如何让阿里巴巴一次次将事情做到最好。

如果用几个关键词对马云的工匠精神加以描述，那就是责任、磨炼、创新、颠覆与尊重。

支付宝，"能做"和"该做"

当电商的朝阳刚刚在历史的地平线上露出些许曙光，华尔街就有这样的预言："谁在支付上掌握了主动，谁就能掌握中国的电子商务市场。"

当淘宝网不断扩充会员数量的同时，广泛的调查显示，很多用户虽然喜欢网络购物的优点，但对网络支付的安全性感到担心。

马云显然听到了预言，看到了现实，也体会到自己肩膀上沉重的责任感。马云认定，不彻底解决安全支付的问题，就不会有真正的电子商务可言。一旦安全支付的门槛逾越而过，淘宝及其平台上的所有网商，就能踏踏实实地赚取源源不断的财富。马云这一针见血的战略思维，来自于其对电子商务现有致命弱点的洞察，也源自于他为客户谋求安全保障的经营理念。只有真正为产品、行业和客户着想，才是最为长久的服务理念，而这种理念，也是人类千百年历史上卓越工匠精神在互联网商业时代的体现。

在马云的领导下，到 2003 年 10 月 18 日，淘宝网试探性地推出了支付宝服务。在短短一年时间内，淘宝网在线商品的70%已经通过支付宝进行交易。这一安全付款服务的运作实质，是以支付宝为信用中介，在买家确认收到商品之前，由支付宝替买卖双方暂时保管货款。

经过不断研发、修改和推广，支付宝具备了安全、快速、便捷、免费的四大优势。马云对这一产品相当欣赏，还专门在2005年2月，邀请华谊兄弟公司根据冯小刚的电影《天下无贼》，拍摄了一部广告片。在广告片中，王宝强饰演的傻根利用支付宝，将自己辛苦挣得的6万元安全汇回老家，还免掉了"可以买一头驴"的汇款手续费。

正是在这一年，马云实现了他的愿望，让支付宝从淘宝网中独立出来，推出了alipay网站。他说，支付宝面对的客户不仅只是针对阿里巴巴和淘宝网，也能为其他电子商务公司提供服务。为了确保支付宝的安全性能，马云提出，只要是使用支付宝而受骗遭受损失的用户，阿里将能够为他们全部赔偿损失，他说："不是赔个几百几千，如果真的受骗了，一个亿我们也会赔。"他甚至认真地说道："几个亿，我们还赔得起。"

作为如此大企业的领军人物，敢于面对新闻媒体说出这样的话语，证明了马云的胆大心细，也展现出他对阿里在技术层面领先群伦的超强自信。此后，支付宝果然没有亏负马云的苦心，这家网络技术有限公司先后与国内外180多家银行以及VISA、MasterCard国际组织等机构建立战略合作关系，成为金融机构在电子支付领域最为信任的合作伙伴。到2019年1月，支付宝全球用户已经超过10亿，并成为首批获得国家认证的支付企业，支付宝针对用户个人信息安全和隐私保护的体系，已达到国家最严格的标准。

能够在十余年内,从一个无人知晓的服务功能,到走向10亿客户的企业,支付宝赢在马云所赋予的企业文化上。

支付宝是一个涉及用户金钱的支付工具,取得用户在安全方面的信任尤其重要,因此马云将其主要考核指标定在安全而不在于盈利上。支付宝也由此形成了自己的手印文化:在支付宝工作满一年的员工,都可以在一块盾牌上摁下自己的手印,并写下自己对公司的感言挂在墙上。林立的盾牌、清晰的手印,象征着支付宝全体员工对客户交易安全的承诺。因此,与其说"手印文化"是支付宝的企业文化,倒不如说这是支付宝员工从学徒正式走向合格工匠的毕业礼。这种文化仪式,对于员工责任感和以消费者安全为导向的业务精神塑造,产生了很强的个体指导意义。

除了"手印文化",支付宝还有家族文化。所有的部门和员工抽签,打乱公司原有体制,组成四五十人的家族。在公司内身处领导岗位的人,在家族中除了提供和审批经费,基本上不再扮演"领导",而家族中的"父母"、"账房先生"、"腐败官"、"宣传委员"、"文艺委员",大都是家族成员公平推选产生的。这些家族会通过组织不同活动,在公司内部推广自己的品牌。

"家族管理"看起来近于儿戏,但游戏表象下,正符合工匠精神的要素——那就是主动打破员工与管理层的隔阂,也消除横向部门之间的隔阂。这样,企业能够有意识地区扁平化,让部门和部门之间、人和人之间更加熟悉。日常家族关系的积累,能够让不同员工之间相互熟悉,便于了解、沟通,在部门间寻找资源,尽快提升为客户安全服务的效率。同时,家族管理也能够让支付宝团队的领导者们通过角色扮演形式,深入到基层员工中去,更贴近客户的实际需求。

其实，无论是手印文化还是家族管理，都带有深刻的"湖畔文化"烙印，其中最突出的一点就是"责任"。手印文化让员工更深刻地理解企业的责任，而家族管理则让管理者与员工、员工与员工之间相互意识到彼此责任的重大，最终汇聚为对支付宝这个"大家庭"的共同责任意识。

当马云说到对责任感的理解时，他这样描述：

"成立之初的阿里巴巴，并没有想过作为一家企业的责任感及使命感，当时最重要的事情就是能够生存下去，但是，第一次参加达沃斯论坛后，我被众多企业家所强调的社会责任所深深触动。自那时起，责任感开始成为我的原则，也成为阿里巴巴企业文化的一部分，多年以来，阿里始终如一。"[1]

责任感是工匠精神的优秀品质，是马云所说的"不想能做什么，而想该做什么"。作为手握阿里大权的领导者，马云在他的管理实践中，将责任感摆在首位，并将之注入到每名员工的基因中，成为阿里巴巴人一次次走过艰难险阻的巨大推动力。在打造支付宝之初，他没有去顾虑技术是否足够、时机是否恰当，而是倾听到市场的声音就立即行动；在支付宝运行过程中，他将阿里巴巴的核心文化和价值观全面渗透其中，培养出这个团队领先的安全意识和超强的防范能力。如果没有领导者个人的责任意识和对企业十余年如一日的灌注，很难想象在如此崭新的业务领域，阿里巴巴能够一举登顶并始终笑傲同行。

---

[1] 2015年2月10日，证监会演讲．

高管轮训,并非"杯酒释兵权"

工匠精神的伟大,在于其内涵的丰富、深刻。只有认真踏实、专注严谨、注重细节、精益求精,才能形成对产品和服务极致完美的孜孜追求。与此同时,优秀的企业人才,又不能像传统的工匠那样拘泥于一处,而是必须眼界开阔、思维活跃。他们不能被已有的岗位和成绩束缚,而是要不断面对新的领域发起冲击。只有这样,他们才能既有"精"的能力,又有"深"的底蕴。

正因如此,在许多成功的公司中,轮岗已成为培养人才的有效方式。经理人轮岗,能够亲身体验其他部门管理者的工作,形成换位思考的能力,钻研不同的问题,更好地把握公司总体战略目标;普通员工轮岗,则能让他们增添新的工作经历,得以让技能和知识更加丰富。

从企业整体来看,轮岗不仅能够培养员工,也分散了风险。企业固然要重用人才,但没有一家成熟的企业,是将所有资源和责任都长期集中在某一个"优秀者"身上。一旦这样的"骨干"因为各种原因离开岗位，相关业务很可能就会陷入倒退甚至停顿。这种将整个部门的利益与某一个人的去留状态捆绑起来的做法，也显然并不是马云的经营作风。他更喜欢看到员工们不断在新的环境中学习，喜欢那种学习过程中表现出的求知与进取欲望，或许，这样的气氛，在他看来才更像一个追求创新与成长的团队。

2007年8月，马云表达了自己对员工轮岗的看法。他在接受专访时说：

"国家换一个省长、市长，一点反应都没有，这个制度值得学习。在阿里巴巴，总监以上的干部，集团组织部可以随时调整。在淘宝干得不错的，明天可以到支付宝或者阿里巴巴干两年。干部经过这样调整，眼光视野就开阔了，可以把阿里巴巴的经验带到淘宝，把淘宝经验带到阿里软件。"

马云还曾在内部会议上一再强调说：

"阿里巴巴的干部要轮转，让销售人员到后台来，看看后台怎么运作的；让后台的人到前台去，看看前台怎么运作的。"

实际上，出生于六十年代末的马云，对"工匠精神"融入了自己的解读。无论是中国革命传统语境中的"我是革命一块砖，哪里需要哪里搬"，还是西方管理学中精益生产方式的"多能工"理论，都让他更期待自己和员工能具有在多种角色之间自由转换的能力。这一点也体现在他创业初期时种种用人方法上。而即便是阿里巴巴成为偌大的企业之后，他对员工的期待依然如此。在他看来，轮岗的确会在企业中产生一定的成本，但这种成本能够为高潜质人才提供更大的发展空间和发挥能力的舞台，帮助他们完成职业生涯中每一次的职业转型，实现飞跃式的发展。相反，减少乃至杜绝轮岗，非但无法让员工变成敬业、乐观、创新、协作的现代互联网"工匠",反而会让他们沦落成为类似传统经济中那种死抱岗位角色的工人。如果整个企业都是这种"工人",那么一旦遭遇技术的更新迭代或市场的风吹雨打,组织的活力就会降低,关键人才也无法留住。

在马云这种管理思想下,阿里巴巴轮岗的高管比例很高。例如,乐军早在1999年就加入了阿里巴巴,当时他负责网站内容的编辑,8年中,他硬是被马云换了5个岗位。他说,自己被马云的"拥抱变化"所鼓舞,虽然没有技术背景,却变成了技术经理。

另外一位资深阿里人戴珊也很典型,她在几年内换了十余个岗位,从雅虎的HR主管,到阿里公司负责国际事业部业务的副总裁,再到2017年开始担任的B2B事业群业务总裁。

资深员工如此,新加入的高管也一样。邓康明在外企做了16年HR,2005年加入阿里,他本以为会继续老本行,但在第二年彻底转型做业务,担任了阿里巴巴主管渠道和大客户的事业部总经理。

甚至阿里巴巴集团的副总裁这个位置,也不强调某个人要专门做某些事。马云随时能够根据公司和个人发展的需要,对副总裁们进行调度。2007年12月24日,马云宣布对高层进行人事调整,淘宝网总裁孙彤宇、阿里巴巴集团COO李琪、CTO吴炯、资深副总裁李旭晖都辞去了现任职位,按照马云的要求去离岗进修。接替孙彤宇的是支付宝总裁陆兆禧,支付宝副总裁邵晓峰则升任总裁。

由于孙彤宇几乎是一手打造了淘宝网,外界对马云的这一人事决定很难理解,甚至有人认为这是他的"杯酒释兵权",也有好事者说,马云是在铲除异己。对此,马云感到很不解,他说:"我马云从来没有用价值观铲除异己过。孙彤宇是我带出来的。我比谁都知道每个人的强项和弱项。孙彤宇要是能够取代我,我早就放手了。我今天真想找到一个人(接替我),退休。老孙到今天位置,我对他的欣赏,没有半点减弱,但这是两个概念。"

仅仅六年后,马云宣布自己将卸任阿里集团 CEO。11 年后,他宣布将从阿里董事局主席位置上退休。此时,人们才仿佛明白过来:马云并不是贪恋权位的人,他对人事的任命调动,更多是他从大局出发和对员工个人打磨锤炼的苦心孤诣。这种在当时不为人所周知的决绝,似乎也从另一面诠释了工匠精神——马云将自己看成教育和培养人的工匠,在不耐其烦地用每个岗位考验着他愿意信任和倚靠的员工,这些员工在职业生涯不同角色时的优异表现,就是他身为老师所最期待看到的成绩单。

选择王坚，"阿里云"诞生

马云喜欢论断与预言，诸般从他口中吐露的未来景象，很多都变成了世人眼中的现实。但是，这并不意味着他的话总是"灵验"。譬如，马云曾经说，阿里巴巴并不是一家技术公司，但在阿里云成立之后，他再也没有说过。

正是阿里云，让阿里成为汇聚全球顶端大脑的高科技公司。

今天，在阿里云公司门前，悬挂着一副霸气十足的楹联"梦想永在凌云意，意气风发；代码成就万事基，积沙镇海"。楹联背后的世界里，上千名朝气蓬勃的科技人员正俯首云中，积极开发新一代互联网基础平台与服务，打造云手机和云计算业务。他们代表着阿里最新一代的科研技术力量，誓言要凭借新时代中国人的工匠精神，在技术上超越谷歌，在业务上超越亚马逊。

阿里云诞生于2009年9月10日。当时，马云激动地说："云端将是未来移动互联网的关键；阿里巴巴将全面从云打到端口，ALL IN 移动电商；未来十年，建立DT数据时代中国商业发展的基础设施。"

马云的这份自信,来自于那个被称为"阿里云先生"的王坚,以及他身后的强大团队。王坚曾是微软亚洲研究院副院长,主管研究用户体验和大数据。2008年,他被马云成功囊入麾下,成为阿里技术部门的首席架构师,在一年时间内,他建立起了世界级的技术团队。2009年7月份,王坚又被马云指派为阿里软件的首席技术官。正是受到他的影响,马云才决定投入云计算。

然而,王坚对马云的影响,并不为多数人理解。甚至许多人私下评论说,马云这次是被别人忽悠了。但王坚认定,云计算迟早会取代传统IT设备,成为互联网的基础设施,正如同电力成为工业社会的底层设施那样。当王坚提出他的想法时,在公司内外遭遇了许多反对意见,认为他是异想天开。但关键时刻,马云站了出来,表示自己全力支持。

在技术讨论会上,马云提出了问题:"我们每分钟必须解决1700万人的访问问题,每秒钟必须解决3万笔交易,这个工作是科学家设计不出来的。所以,第一,我们不用IBM服务器,而是要用国产服务器取代它们了;第二,我们要自己开发数据库,取代传统二维数据库。"

有工程师觉得不可能,小声议论说:"IBM都没有干过,我们为什么要干?"

王坚大声地问道:"如果我们现在不这么干,将来怎么办?"

众人的目光集中在马云身上,马云相信王坚的判断,点头说:"那就干吧!"

然而,干起来并没有那么简单,阿里巴巴为此打造出了一个去IOE的概念,即在企业的IT架构中,去掉IBM的小型机、

Oracle 的数据库和 EMC 存储设备,全部以自己在开源软件基础上开发的系统加以取代。毫无疑问,在 2013 年棱镜门[1]事件爆发后,去 IOE 与设备采购国产化、自主研发等一样,具有了鲜明的国家和企业安全意义。

当阿里巴巴开始建立属于自己的云计算操作系统,并给它取名"飞天"时,有一阵子,人们觉得它恐怕是飞不起来的。在阿里巴巴内部,从一开始就围绕这个系统产生了巨大分歧,有人认为应当从 0 开始一行行写代码写出云操作系统,也有人觉得用开源技术进行修改,方便直接上马。两大对立阵营的工程师互相说服不了,跑到马云面前拍桌子,马云后来回忆说:"两拨人在我办公室吵,我觉得公司就像要分家了。"

最后,在王坚的主持下,飞天系统终于取得成功。2013 年,飞天单一集群达到 5000 台规模,在关键技术领域站在了世界前列。到 2016 年时,云计算的意义已经毋庸置疑,其角色定位被锁定在成熟、稳定以及普及度高的 IT 基础设施服务商,科技巨头们相继将云计算上升到战略高度。而在云计算领域最闪亮的"3A"启明星中,阿里云(Alibaba Cloud)和亚马逊 AWS、微软 Azure 相比,也不遑多让,根据 2018 年 Gartner 发布的《2018 年全球公共云市场份额报告》,三者联手瓜分了公有云市场的七成江山,其中,阿里云年增率达到 93%,将另外两家"A"甩在身后。这也是中国企业首次跻身世界技术架构研发企业排名中的前列位置。

---

[1]棱镜计划(PRISM)是一项由美国国家安全局自 2007 年起开始实施的绝密电子监听计划。该计划的正式名号为"US-984XN"。该计划能够对即时通信和既存资料进行深度的监听。许可的监听对象包括任何在美国以外地区使用参与计划公司服务的客户,或是任何与国外人士通信的美国公民。

对于这个成绩,马云感到高兴。他说:

"百度李彦宏懂技术,腾讯马化腾学技术,只有我不懂技术。很多人就一直认为阿里巴巴的技术很差。虽然我不懂技术,但我们公司的技术最好。因为我不懂技术,对技术人员很敬仰,技术人员说云计算很重要,做决策的时候,我就大胆地说就这么干。为什么百度和腾讯的云计算没有搞下去?是因为他们老板懂技术,觉得这很难,但我真的不知道有这么难。"[1]

今天,马云的阿里云高歌猛进,越来越多进入了金融、医疗、政务、交通等行业。阿里云的用户数量越来越多,基础服务和应用越来越完善,还引入了第三方服务提供者。

不懂技术的马云,遇到懂技术的王坚,金风玉露一相逢,就此擦出了阿里云这样的火花,点燃了阿里大数据企业的全盘烈火。其实,他们之间并没有谁忽悠谁的关系。马云确实不懂技术,但他对工匠精神的尊重,让他愿意像多年以前在西雅图首次触网时那样,坐下来安静地听王坚讲技术,从这样的"技术高手"那里吸取尖端知识,这足以让他在获得充分信息之后,明白什么样的技术对企业而言最紧迫、未来最有市场。因此,马云尽管说不出也无需说出云计算的技术细节,但却能在脑海中勾勒出阿里云未来将如何推动这家企业和社会的发展。当领导者拥有这样的战略眼光后,他就只需要向敌阵轻挥羽扇,剩下的自有技术团队去冲锋陷阵。

当然,除了个人的求知能力和判断能力外,马云对阿里巴巴的技术团队有充分的信心。以阿里安全部门为例,这里集中了全

---

[1] 2014年3月18日,北大百年讲堂演讲.

世界最顶尖的"白帽黑客"[1]技术力量。阿里云的技术团队也几乎都是高薪聘请来的最强力量。因此，对于科技项目，马云从来都只考虑是否好，而不考虑是否能。因为他认定，考虑"能不能"，就是没有信心的表现。马云从来不会怀疑一项科技转化为实用服务项目的可能性，因为当这些技术已经交到他的面前作为成果演示时，他知道自己所要做的是判断其中的价值。所以，一旦他认为科技项目具有未来价值，就会不遗余力地支持、不假怀疑地确信。

看似不懂技术的马云，是整个阿里最懂得运用技术力量的统帅。站在他的位置，他能看见技术如何改变人类的过去二十年，他也能推动时间，向所有人展示技术将如何改变世界的未来。

---

[1] 白帽黑客是指白帽匿名者（white hat hacker），其又称为白帽子，是那些用自己的黑客技术来维护网络关系公平正义的黑客，测试网络和系统的性能来判定它们能够承受入侵的强弱程度。

在"淘宝商城"风暴中

2011年10月12日夜,马云从杭州阿里巴巴总部的窗口俯视着深夜的城市。这个他曾经骑着一辆自行车东奔西走的美丽城市,此时显得无比熟悉却又有些陌生,绚丽变幻着的霓虹灯一如往昔,但此时却无法在马云内心唤起平日的温情。

就在两天前,淘宝商城宣布将正式升级商家管理系统。升级之后,消费者一旦买到假货,将获得假一赔五的赔偿。而原有商家每年需要交纳的6000元技术服务年费,也提升到3万元和6万元两个档次。更重要的是,为了保障消费者利益,商家进驻淘宝商城将需交纳违约保证金,一旦商家有违约行为将会被扣除保证金,保证金将直接进入消费者保障基金。与此同时,淘宝商城也会根据商家经营规模、服务质量的达标情况,对技术服务年费进行部分乃至全额返还,以鼓励那些诚信经营的商家。

原本是为了引导商家提高服务质量的政策变动,在淘宝商城引起了轩然大波。部分无法跟上淘宝商城的商户组织了近5万名网友，集结在YY语音频道，有组织地对部分淘宝商城大卖家实施"拍商品、给差评、拒付款"的恶意操作，导致多家店铺的多数商品被迫下架。这些网友基本上来自淘宝商城中小卖家，他们认为淘宝的新规定直接侵犯了他们的利益，并形成"反淘宝联盟"来加以威胁。

从小就没有对谁服过软的马云愤怒了，他说："如果我们妥协，也是因为我们本身有问题，而不是因为面对威胁。"10月12日，淘宝商城官方回应，"不会因为威胁、恐吓而放弃原则"，淘宝商城时任总裁张勇表示，"对互联网暴利，我们不会容忍"，并要补偿受损害的商家利益。

在郑重其事宣布不妥协的态度之后，为了平衡利益、缓和局面，淘宝商城新规也作出了调整，更多考虑到中小商家的利益，推出了新规执行点延后到第二年9月30日执行，保证金可以减半，阿里集团拿出5亿元，为符合条件的小商家进行贷款担保等五项扶持政策。为此，阿里巴巴向淘宝商城追加投资18个亿。

11月17日，淘宝商城召开媒体恳谈会。虽然经历了一连串的波动，但他依然平和、幽默，似乎有着用不完的活力与能量。他对媒体说："什么是我们的原则？维护电子商务的诚信，我们半步不退……电子商务越来越大，如果我们不对假货水货采取措施，中国电子商务走不远。"他又解释自己为什么一定要强硬推行新规："淘宝上面有800万人开店，很多人以此为生，假如你不管，3年以后假货横行，灭亡的绝不仅仅是阿里巴巴一家公司，还有800多万淘宝店主。3年以后的电子商务，可能是解决中国内需、扩大就业的最好办法。"

马云清楚,中国电子商务面临着产业升级的问题,从宏观上看,

3—5 年内，中国经济尤其是民营企业和中小企业必然会面临挑战。因此，在扩大内需、产业转型方面，阿里巴巴需要做的不仅是口号，更要有行动。而有行动，就一定会痛。作为企业家，不可能永远"面面俱到"而不得罪任何利益，只要认准了对企业、对行业、对市场有长远利益的战略方向，就要不惜一切去推动，哪怕暂时引来舆论之火，甚至是这一次的围攻事件，都不能表现出动摇和后退。

在马云看来，淘宝无论做得多大，都不能一味追求自身的利益，也不可能只满足商家的利益，更重要的是像工匠那样打造出精良的平台，以此提供优质服务去满足和保证消费者的利益。在这些利益的纠葛和对立中，他本人和企业都需要拥有断舍离的勇气和智慧，敢于在一定的时间节点上，去和已经被证明为落后的经营模式说再见。在此过程中，必然会产生利益受损的少部分人，必然会产生矛盾。面对矛盾，如果选择妥协，就等于保护落后的力量，而扼杀了创新的可能。

当然，不妥协，并不代表不能转换策略。在出现了围攻事件后，马云也意识到之前的政策有激进之处，并主动进行了调整，甚至还在恳谈会上道歉。但这更多是一种战术，而非战略。正如马云在几年后的发言那样：

"飞机刚出现的时候，伴随很多事故，但我们并没有把航空工业消灭掉，也没有用管理火车的方法管理整个飞机行业……推动社会进步就一定会淘汰落后力量，得到好处的不一定会为你鼓掌，但是受到伤害的一定站出来骂人，保护哭喊的落后力量，往往会成为破坏创新最重要的因素。"[1]

---

[1] 2018 年 9 月 17 日，世界人工智能大会上的发言.

面对淘宝商城事件，马云虽然最终选择了一定程度的妥协，但并没有改变他革新的意志和决心。

不到半年之后，2012年1月11日，淘宝商城在北京举行战略发布会，总裁张勇宣布"淘宝商城"将正式更名为"天猫"。这个听起来搞怪的名字，出自于马云的"神奇构想"。马云说："名字本没有意义，念的人多了就有意义。我们判断这名字一宣布，骂的人肯定会有很多……骂的人越多，传播的就越快，重要的是后面如何给名字加入文化内涵。"

马云说这段话时，脸上古灵精怪的笑容透出狡黠的智慧，似乎几个月前淘宝商城的事件已经无影无踪。在他不断创新精神的引领下，淘宝和中国电子商务，终究将进入新的时代。

余额宝，向传统金融说不

从最初的白手起家，到 2013 年的声名远播，马云的人生伴随其事业的宏大而越来越精彩。然而，始终秉信并践行"山高我为峰"的马云，从来不满足于已有的一切，无论对自己、对企业，还是对社会，他永远都跟从孩童时内心那个"大侠"的声音，对不合理、不公平、不先进的地方，发起一次次地冲击与颠覆。

2013 年 6 月 13 日，阿里集团旗下支付宝低调推出余额增值服务。这项服务被命名为"余额宝"。余额宝一上线，就获得了支付宝用户的追捧，在短短不到 6 天内超过 100 万用户。上线一年后，余额宝引发了无数普通民众对理财的重新认识，也让传统金融行业传出了"狼来了"的哀叹。余额宝以一元钱起步，支持网购、转账、年投资收益率高达 3% 到 4% 的优势，在转瞬间吸引了大量客户，而这些客户又大多是传统金融机构并不重视的中小储户。

余额宝的推出，是马云"蓄谋已久"的一场革命。2008 年，阿里巴巴与中国工商银行和建设银行展开合作，想要为阿里的会员企业提供无需抵押的网络联保贷款。最终，由于和建行因为贷款利息分配产生矛盾，导致合作失败。但马云看来，这是一次很好的试水锻炼，他更是丢下一句著名的狠话："银行不改变，我们就改变银行。"

2010年到2011年，浙江阿里巴巴小额贷款有限公司和重庆市阿里巴巴小额贷款有限公司分别成立，主要面向淘宝和阿里巴巴卖家提供50万元以下的小额贷款。2012年的网商大会上，马云宣布下一个十年要重点完成平台战略、金融战略和大数据的建设。到2013年初，在阿里的金融年会上，马云宣布："今天阿里巴巴做的金融业务不是改革，而是一场革命，一场金融的革命。"

这场革命的机会很快就出现了。2013年6月19日，国务院常务会议消息宣布：国家将要鼓励民间资本参与金融机构的重组改造，探索设立民间资本发起的自担风险的民营银行。两天后，马云的讲话文章就刊登在《人民日报》上，大标题是"金融行业需要搅局者"。

这一次，马云坦荡地向全世界宣布，自己将要继续扮演搅局者。

马云的搅局，本就是有的放矢。传统银行为代表的金融机构所提供的产品，门槛高渠道少。那些普通的草根年轻人，很难有机会将微薄的工薪收入积余投入到金融理财中去，只能始终被排除在财富保值增值的需求人群之外。因此，尽管银行对余额宝的运作方式产生了不满，但马云却淡定地表示，自己并没有和银行抢生意。因为传统金融只服务了20%的客户，而他只是在为剩下来的80%人提供优质服务。

在马云十足信心的背后，是余额宝短短几个月内近600亿元的规模，这匹黑马也由此成为全国当时规模最大的货币基金。

虽然马云说，自己要做的其实并不完全是金融，而是要以此为基础，打造一个可靠、动态、准确的信用体系。但是，对余额宝的"围剿"却轰轰烈烈地开始了。一方面，传统银行及金融机构纷纷改变姿态，开始推出类似的金融理财产品。另一方面，舆论上传闻不断，有位知名财经评论员直接发表《取缔余额宝》为名的文章，称余额宝是趴在银行身上的"金融寄生虫"，甚至侵犯了国家的宏观经济利益。对此，马云付诸一笑，他说："在改革开放的进程中，如果有一款产品能发挥推动历史的作用，即使它的生命周期再短暂，也必将非常光荣。"

然而，余额宝并没有消失，反而得到越来越多用户的喜爱。2019年7月29日的调查显示，92%的90后年轻人每个月都会有结余，其中80%的人将之用于余额宝理财，他们每个月在余额宝攒的钱，已经是其支付宝花呗账单的4.5倍。正是余额宝，让这些年轻人初次理财的时间比父母提前了十年，并找到了最适合他们的理财渠道。而此时，以商业银行为代表的传统金融机构，几乎全都投身了"互联网理财"的业务之中，甚至当年曾经称余额宝为"寄生虫"的知名专家，也转而为"数字经济"鼓掌欢呼。

历史所见证的一切，无不印证了马云当初着意颠覆的目标确实并非传统银行，而是传统的思维。正如他所说的那样，他们并没有去动传统金融的蛋糕，反而是后者们正迎头赶上，推出各种"某某宝"，且娴熟地运用着互联网营销的话语风格。实际上，马云所崇尚的颠覆，更多是一种以颠覆为名的理念革新。他的余额宝虽然在当时并不完美，但以超前的技术和商业实践，改变了中国人与中国企业对金融理财的认知格局，澄清了在互联网时代应有的商业本质。

正如马云所说："我们从未想过要颠覆金融行业。我们计划是未来三五年,和传统行业一起提升,帮助传统企业进入互联网。"尽管他曾为此被批评指责,尽管余额宝已经不再受到曾经的热烈追捧,但同类产品的持续创新、数亿人常识理念的改变,其开启者的荣誉,必然归于阿里巴巴和马云。

第九章

文化年轻，企业就不会老

一个人的生活经历，很大程度能影响到其日后的个人行事风格和思维方式，马云也不例外。从武侠世界，到英语文化，这些幼年经历深深影响了他创业过程中的各种表现。当阿里巴巴船到中流，他身体力行，将这种带有几分童心的文化哲学传播公司内，使得整个企业呈现出独具特色的文化氛围。

倒立看世界，一切皆有可能

曾经主持 IBM 变革的郭士纳先生，用十年时间撬动了这个巨型企业的身体，用自己的心血告诉全世界大象也可以跳舞。而马云则用他对企业文化的打造告诉人们，蚂蚁也可以称雄。

让蚂蚁称雄的，是马云所崇尚的"倒立文化"。每当提到这一文化，人们就会情不自禁地回忆起淘宝成立初期，那段和 eBay 易趣之间的商战。

2003 年 7 月，当阿里巴巴宣布淘宝是由阿里巴巴投资的 C2C 网站后，马云和其团队已经开始着手进行大规模宣传推广，并准备花费 1 个亿资金进行网上推广。然而，马云很快发现，这种顺理成章的打法不可能成功：当孙彤宇带着人去和门户网站谈广告合作时，各家门户网站给出的答复都是冰冷的拒绝，理由甚至也是如出一辙——eBay 易趣这家国内最大的 C2C 网站已经在和他们签年度合同时附加了条件，不准接受同类网站广告。

马云选择了"倒立"来解决这个问题，他把目光投到了线下。

从2004年开始，全国各地公交车车厢、地铁站台，甚至电影《天下无贼》中，到处都有了淘宝的影子。但只有这些显然不够，马云为此辗转反侧，他最终想到了另一种"倒立"思路：既然你控制了门户网站，那么我们就杀到个人网站去！

2000年以后，个性化的小型网站开始在中国互联网不断出现，这些网站由个人制作完成，成为一个个"小众"交流平台。后来，这些个人网站又形成了站长联盟的推广方式，就如同散布在门户网站这些"大城市"周围的广阔"农村"。

马云很快就以极其优惠的价格，从第一批最小的个人网站联盟里拿到了广告投放权。随后，稍微大一点的个人网站联盟主动抛出了橄榄枝。再后来，淘宝一路攻城略地，拿下了相当于省级电视台广告联盟的中小网站。淘宝人发现，这种站长联盟的推广方式，甚至要比门户网站性价比更高。最终，到2004年2月，随着eBay和门户网站签订的封杀协议正式到期，三大门户之一的搜狐率先和淘宝签订广告投放协议。在七个月的封杀之后，淘宝终于获得了线上广告突围战的胜利。

随后，淘宝利用自身网络系统的稳定，向eBay易趣平台对接时的不稳定进行"倒立"；发挥自身免费效应，向对手始终崇尚的收费盈利模式进行"倒立"；2004年，淘宝又创造性地推出了"支付宝"产品，针对网络交易的先天不足，将危险性降低到最小……胜利的天平向淘宝开始倾斜。到2006年5月，淘宝以67.3%的市场份额大举超越eBay易趣。到7月，淘宝网注册用户达到2250万，顺利超过eBay易趣。对此，著名财经作家吴晓波写道："淘宝与eBay易趣之间的战争是最令人惊奇的：一家全球最大的、正处在巅峰时刻的行业领跑者，在中国市场上已经获得了90%以上的市场份额，而一家后起的中国公司，仅仅用了两年时间就夺取超过70%的份额，并迫使前者进行战略重组。我不知道哪个行业还发生过这样的事件。"[1]

回想开战之初，对于马云和阿里巴巴而言，挑战eBay这样的世界巨头，几乎是不可能完成的任务。所以，马云要求淘宝团队倒过来看世界：

"当你倒立起来的时候，血液会涌入大脑，这个时候看世界，你就会有不一样的感觉，想问题也会找到一个不可思议的角度。只要你能学会倒立，就一定有机会赢，也一定可以赢！"[2]

"倒立"文化，实际上就是逆向思维与主动创新的文化。没有一家企业是依靠员工对老板的唯唯诺诺而获得壮大的，同样，也没有一家企业是依靠面向对手亦步亦趋就能赢得竞争的。倒立思维的结果，让马云始终走的是特立独行之道，不断打破常规，在与竞争对手过招时，从不按规则出牌。

逆向思维可以构成核心竞争力，这是马云倒立后得到的逻辑，所以他总能把自己置于冷静旁观者的角色，游刃有余。伴随着阿里巴巴网站的成功，马云也一直以"反其道而行"的商业思维成为具有反常规精神的企业家代表。而"倒立"文化，则让整个阿里巴巴都具有了他的风范。

马云提倡"倒立"文化，并非一种比喻，而是通过真正的倒立，营造出仪式感与氛围感。从淘宝创建最初，他就下了死命令，淘宝的每一个人，无论性别年龄，都要学会倒立。男性需保持倒

---

[1] 吴晓波. 倒立的马云[J]. 中国经济周刊, 2007, (第26期).
[2] 刘世英, 彭征. 马云正传[M]. 海口：南方出版社, 2014.07.

立姿势三十秒才算过关,女性要求稍低,十秒即可。从2004年开始,淘宝每年还要举办一次倒立比赛。

马云自己能够单手倒立数分钟而面不改色。他对淘宝的高管也同样如此要求。2008年8月的一天,马云突然来到淘宝,在专门设置的"倒立室"里,每一位高管都要轮流在马云面前演示倒立。结果,有几个高管没能完成。马云甩下一句话:"限期整改,过段时间复查。"很快,这几位没有过关的高管人员,也通过训练掌握了倒立的技巧。

通过这种身体力行的倒立文化,马云想要让员工意识到,那些看起来强大而不可动摇的东西,如果倒过来看,就一定也不重要。企业可以这样做,也可以那样做,而倒立就是最好的看待市场、对手乃至客户的方式。

正如有人评论说,倒立文化,就是企业面对环境的各种变化,敢于将自己掏空,善于从另一个维度去观察和思考问题。对于任何一个企业来说,倒立文化都能塑造出优秀的员工团队,培养创新的服务理念。当企业领导者在对未来进行策划与经营时,也必须适当"倒立",学会换个想法角度,避开竞争焦点的锋芒。这样的企业,才能通过反其道而行之,从而越走越顺、越走越强。

香港上市，笑脸更灿烂

2007年11月6日，阿里巴巴B2B业务在香港联交所挂牌上市。开盘首日，就创下了港股当年新股首日涨幅之最，市值达1996亿港元，成为中国互联网业售价市值超过200亿美元的公司。即便在全球互联网公司排名中，阿里的市值也仅次于当时的谷歌、eBay、雅虎、亚马逊，位列第五。

从某种角度而言，马云当初设立的"进入全球互联网公司前十名"的目标，阿里仅仅用了8年时间，就顺利实现了。此时，阿里巴巴4900名员工，总共持有阿里巴巴4.435亿股，有将近上千名员工一跃获得了超过两百万港元的身家。不用说，他们此时的心情，他们的笑脸，如同当晚维多利亚港上空的璀璨烟花般美丽。

其实，阿里的笑脸，又怎么会只出现在上市的这一刻？

时间回到1999年。从阿里巴巴诞生的那一天开始，马云就希望微笑是这家公司的重要特征。为此，他要求把公司LOGO图改了16稿，最终标志是一个抽象的笑脸图。

后来，阿里搬到了华星，但马云依然倡导笑脸文化。他回忆说：

"记得在华星创业的时候，员工超过200位了，我记不得他们的名字和面孔。但是一个陌生人进来，我一下子就能判断他是不是阿里巴巴的员工，靠什么？靠笑脸。"马云对笑脸文化的意义，也做出了很直白的解释："要保持smile（微笑）。要让别人觉得阿里巴巴这帮人就是这么开开心心、快快乐乐的。如果有一天阿里巴巴的员工都能这做到这样，我们公司就不一样了，就独特了。"[1]

为了营造出快乐的氛围，阿里的武侠文化色彩很浓厚。从马云开始，无论是高管还是员工，都有自己的"花名"，而其中大多数都是武侠小说的角色名。马云自己选择了大侠"风清扬"的花名，因为他最崇拜"无招胜有招"的境界。把武侠文化作为阿里巴巴文化的载体，马云为企业文化注入了快乐、好玩、有趣的元素。

由于马云提倡快乐文化，因此阿里巴巴的很多管理举措也充满了个性意味。在阿里，员工可以穿着随便的牛仔裤、T恤衫上班，甚至能够穿旱冰鞋。而当交易额超过预定标准时，员工甚至会在部门经理带领下"狂奔"——男员工们脱掉上衣，甚至只剩下一条短裤。

通过企业家本人对快乐文化的塑造，企业才能在严格的制度规范和考核评价之下，有着温和、民主、人性化的精神内核。无论对于互联网企业，还是对于互联网文化滋养下的年轻员工，是否具有这样的内核都很重要。如果企业家由于自身面临的压力，就不加选择地将之传导到企业内部，那么他只会面对一群成天冷

---

[1] 2006年6月，和管理干部交流谈话

漠自私的员工，这样的员工很难真心实意为客户考虑，更不会发自内心地尊重企业的价值观。相反，当员工总是能开心地工作、"笑眯眯地回家"，那么他们才会有激情去投入服务、主动创新。

当然，想要让员工快乐，公司也要舍得投入。当初，马云得到高盛的500万美元投资后，做的第一件事就是为阿里巴巴找新的办公地点。这里有五彩缤纷的办公环境，没有一处墙是空白的，主色调则是温暖和快乐的橙色，墙上挂着部门和小组出游的照片，而所有的旅游经费都是公司承担。此后，随着阿里人数增加、业绩增多，还成立了十个兴趣小组，号称"阿里十派"，包括足球、篮球、围棋等。

马云不仅希望员工微笑，还希望他们的家属也快乐。在每年"阿里日"这一天，他都会邀请员工家属走进总部参观，还会在这一天作为主婚人，主持员工的集体婚礼。

员工之所以会来到企业工作，并不是只为期待上市、成为富翁，而是希望能够得到快乐的人生。马云站在人性的角度，洞识了员工的这种需要，因此阿里每年只有3%的跳槽率。

马云并没有被上市所带来的成绩与辉煌冲昏头脑，他始终保持冷静，观察着企业文化的变化走向。2008年3月17日，他在深圳网商论坛发表演讲说："在别人看来很好，你看来很好的时候，往往是灾难来的时候。任何的企业和人也是这样，当发现问题的时候，已经是很晚了。一个公司的领导者一定要明白，什么东西会变成癌症……员工多了以后，麻烦也多了很多……"

马云的担心没有错，上市让阿里巴巴更迅速地扩大，但对企业文化也带来了不可避免的冲击。当问题真正到来时，马云将如何延续他赋予阿里的诚信、快乐、创新、进取精神？

首先要从设计创新的"合伙人制度"讲起。

换个眼光，新"合伙人"体系

2009年9月11日，在阿里巴巴十周年庆典的晚会上，当年共同创立阿里巴巴的"十八罗汉"携手登台。这是他们最后一次集体出现在公众视野下，为的是向公司辞去创始人的身份，从零开始。"

其实，"创始人"不是实质性的职位，最多只是一种身份。而这种"辞职"也并非实质性辞职。包括马云在内的"十八罗汉"，原有的具体业务并未改变，只是身份改变了。

从这一天开始，用马云的话说："阿里巴巴进入了合伙人的时代。"此后，到2014年，阿里巴巴正式宣布了28名合伙人的名单。

合伙人，在法律上有明确的定义。普通合伙人是指共同出资、共同管理企业，并对企业债务承担无限连带责任的人。合伙人既是企业所有者，又是企业管理者，也是企业债务和责任不可推卸的责任人。不过，阿里巴巴集团的合伙人，更多只是在文字和内涵上借鉴了这个概念，实质上有着根本不同。

从2010年开始，马云在阿里巴巴公司中推行创新的"合伙人"

公司治理机制。这里的"合伙人"并不真正承担企业债务连带责任，但要求很高。除了资历、业绩和持有一定股份的要求之外，他们还应高度认同公司文化，愿意为公司使命、愿景和价值观的推行与实践竭尽全力。

这些主要作为公司资深高管的"合伙人"，一旦年满六十岁或者离开阿里巴巴后，就自动退出合伙人序列，也没有取代董事会来管理公司的权力，只拥有提名董事会中半数以上董事人选的权力，而不是按照持有股份比例来分配董事提名权。换而言之，合伙人拥有的是人事控制权，而非公司运营直接管理权。

用马云的话来说，阿里巴巴的合伙人制度，"建立的不是一个利益集团，更不是为了更好控制这家公司的权力机构，而是企业内在动力机制"。马云甚至提出了他心中阿里合伙人的定义："合伙人，作为公司的运营者，业务的建设者，文化的传承者，同时又是股东。"

在2013年9月10日的内部邮件中，马云指出，阿里巴巴建立合伙人制度并不是为了更好地控制这家公司，而是为了更好激发、传承企业内部的文化动力。他说，合伙人制度就是企业内在动力机制，阿里巴巴有责任通过挑选与自己志同道合（尤其是在企业文化价值认同上志同道合）的有能力的员工，共同打造企业未来，传承企业使命，打造有生态、有思想、有文化的社会型企业。

任何一家公司的资本与权力结构，都会影响到其原有的企业文化、价值认同和经营理念。一直以来，马云高度强调阿里巴巴独特的价值文化观念，无论是"让天下没有难做的生意"，还是"快乐工作笑脸下班"，或者是"创造人类新的商业文明"，这些文化价值观念都属于阿里巴巴内在的灵魂核心。一旦由于资本市场的涉足或企业自身的扩大而产生了稀释或改变，就很可能严重影响到阿里巴巴未来的发展，导致其偏离原来的长远发展目标。

为此，马云才创新地设计了独特的"合伙人"制度，这种制度能够很好地保护企业现有文化观念的传承。因为任何员工想要成为合伙人，首先都必须是阿里巴巴企业文化的坚定支持者、维护者。而当他们成为合伙人之后，又能通过影响董事会来确保这样的文化成为企业发展运营的方向。因此，阿里巴巴的合伙人制度，确实是一种新颖而有效的体系。这种体系能够在资本、企业和文化三方面，取得良好的平衡。

毋庸讳言，通过合伙人制度，马云也能避免企业控制权结构的失衡，这是他多年之前创业初期就吸取到的沉痛教训。但从本质上来看，保证企业控制权，与保护企业文化被稀释，犹如一片叶子的两面那样无法割裂。如果控制权结构失衡，阿里人甚至马云自己失去对阿里巴巴的实质控制，就会像失去了乔布斯的苹果那样，原有的企业文化被极大程度地影响乃至破坏。同样，如果领导者不能捍卫企业文化，也就谈不上用价值观、使命感和愿景去指导本应在自己麾下奋战的高管和员工。正因如此，马云要通过郑重其事的仪式、连续四年的磨合，推出创新的"合伙人"体系。这种管理体系取代的是已经落后于企业发展规模的制度，避免新的高管无法融入阿里巴巴的高层，也避免企业文化无法在有效传承基础上得到创新。以这样的"合伙人"制度，马云努力推进开放、包容、灵活的企业文化，并希望阿里巴巴能够始终借此保持年轻与活力。

随后发生的事情，证明了马云对企业发展态势的准确判断。事实上，合伙人制度如果更早建立，或许就能一定程度上避免他在2011年遇到的诸多麻烦。

"诚信门"危机，文化必须纯净

2011年，是阿里巴巴的本命年，也是马云的本命年。本命年果然是多事之秋，这一年马云的麻烦，从2月份的"诚信门"危机开始。

2011年2月21日下午，阿里巴巴公司突然召开全体组织部大会，而会议内容谁也不知道。会议开始后，马云直截了当地宣布"同意卫哲辞去B2B总裁职务的请求……"台下的员工全部表情愕然鸦雀无声。随后，重新担任集团首席人力管的彭蕾发言时，已然泪洒讲台……

这次会议上，被马云"拿下"的不只是阿里巴巴B2B公司总裁卫哲，同时辞职的还有淘宝首席运营官李旭晖，原淘宝人事副总裁邓康明则降级，另有运用。引起马云如此大动作的，是淘宝网的"中国供应商"签约客户中，有少数客户存在欺诈嫌疑，而直销团队的一些员工默许甚至参与协助了这些公司。这些公司与阿里巴巴签约的唯一原因，是为了向国外买家行骗，而近百名帮助他们签约的销售员工，则只是为了追求高业绩、高收入。

如此违背商业诚信原则和公司价值观底线的行为，让马云感到震怒。在调查确认之后，他立刻开始了一整套动作，挽救诈骗行为对企业文化带来的冲击。除了反应迅速主动并积极处理，以公司最高负责人引咎辞职的方式来最大限度降低负面影响外，马云还曝光了两封处理该事件的内部邮件，再次向员工和社会公众强调公司是如何看待长远利益、如何坚守核心价值观的。2011年2月21日，阿里巴巴对外发布了《马云给阿里人的一封信》，他写道："过去的一个多月，我很痛苦，很纠结，很愤怒……如果今天我们没有面对现实，没有勇于担当和刮骨疗伤的勇气，阿里将不再是阿里……"

在这封内部邮件公开后的第二天，马云从北京返回杭州，花费了几天时间给集团高管开会，会议主题是"回归价值观，打击阿里巴巴集团内部的官僚主义和腐败主义"。马云要用价值观与使命感的重建，来修补已经被损坏的阿里巴巴企业文化。此后，在整个2011年内，马云都关注着阿里巴巴品牌诚信形象的重建。他先是拿出170万美元对受害者进行了补偿，随后又推进与国际认证机构天祥集团的合作，推出基于第三方的深度认证服务，意在对"中国供应商"进行最高限度的资质认证，从而杜绝诈骗、纠纷等事件。

客观而言，对于一个新的产品、一种新的服务，企业家有责任和义务来引导市场，但市场本身是否总是百分之百走在正轨上，必须由大环境和消费者心理决定。单凭企业家一己之力，即便是几乎被神化的马云，也很难撬动整个社会的大魔方。但马云并没有以这种借口而推诿，即便当媒体将过重的罪名压到了淘宝和他本人身上，使得他对"委屈"有牢骚和怨气，他也选择了果断向内部和外界承认错误，主动承担责任并进行整改。有人认为，真正涉及欺诈的客户比例很小，马云搞得动静太大，更何况卫哲是他曾经钦点的阿里巴巴未来发展的关键人物。但马云却非常清醒和果断，他认为，即便这些高层本人没有做错任何事情，但相关负责人必须承担责任。通过付出这样的代价，阿里巴巴能够向外界传递出信号，那就是诚信为本的企业文化与价值观，不容许遭遇一丝一毫的挑衅和污染。即便要承受辞退卫哲这样的痛苦，马云也很清楚，自己必须用痛苦换来团队文化的纯净。

他说：

"社会上认为这个事情肯定是搞得太大了。但这是癌症，必须把它的根给挖了。你不挖，癌细胞很快就扩散了。虽然当时很痛，但是痛和苦是不一样的。我说今天不痛，明天我们就要受苦，苦比痛更可怕，到痛苦不堪的时候，我们就完了。所以这些事是做给所有人看的，就是让他们看见我没有被别人骗，因为我发现了。我们不仅是对恶性的仇恨，更是对看见恶行冷漠的仇恨。"[1]

欺诈门问题的暴露和解决，只是一个契机。这一年4月，央视经济半小时称"淘宝知假售假"；6月，支付宝牌照问题引发股权契约门，媒体在并不了解实情的情况下，指责马云有违契约精神；10月，淘宝商城的新政策，又引发网商抗议……

这些事件虽然给马云和阿里巴巴的声誉带来了冲击，但在当时对直接的市场销售情况影响并不大。然而，马云却为这些麻烦

---

[1]陈广思，陈斐斐著.道可道·非常道 阿里巴巴的倒立逻辑[M].杭州：浙江大学出版社，2014.10.

感到愤怒和焦虑，也感到责任重大。他知道外界对某些问题的解读纯粹属于过度反应，但许多问题本身的核心又确实有违诚信精神。这些现象，就像附着在阿里躯体上的癌细胞，必须要用团队文化建设的利剑去斩草除根，才能确保这家企业未来的健康。任何来自企业领导层的容忍和轻视，都只会助长癌细胞的变异，因此，马云所表现出的零容忍，更体现了他维护企业文化和价值观的态度与决心。

在"欺诈门"等一系列事件中，马云扮演了那个"唱黑脸"的角色。在这次人事地震之后，2011年6月，为了应对外界对淘宝"假货"的指责，马云亲手将淘宝一分为三，成立C2C淘宝网、B2C淘宝商城和一站式购物搜索引擎—淘网。随后，他又强硬处理"淘宝商城"事件……

这些方法，看起来似乎下手太重。但站在历史的角度回望，企业家作为需要决定企业未来发展方向的领头人，一旦发生了严重威胁到企业文化根基的事件后，必须要承担最大的责任，去保持文化的纯净性。此时，所谓的得罪人、唱黑脸，就是对企业负责。从这个角度看，勇于辞职的卫哲和敢于下手的马云，都为保持阿里文化的诚信文化内核，承担了应尽的责任。

退市只为进取，好企业要能造血

2012年2月21日，阿里巴巴集团及阿里巴巴网络（B2B）有限公司联合宣布，阿里巴巴集团已向阿里巴巴网络有限公司董事会提出私有化要约。阿里巴巴的私有化进程正式开始。

当初，阿里巴巴B2B公司的业务重点是对会员数予以增加，确保更多的生产企业、批发企业能够在其平台上销售产品，发展付费会员，从而增加收入。但在2011年之后，马云要求B2B公司根据情况变化，对业务进行调整，重点是提升卖家在交易平台的用户体验。这样一来,付费会员数量不再会像之前那样迅速增长，短时间内也不会有较大收益的实现。按照香港联交所对上市公司要求，阿里巴巴B2B公司也将这一重大转变向投资者进行告知。

在马云看来，短期内的财务虽然会因此受到影响，但对于阿里的造血能力，这种业务战略转型会带来很大好处。但与此同时，马云也发现,上市让B2B公司承受了很大压力,限制了公司的转型。

由此，马云开始了对阿里巴巴B2B公司的私有化之路。简单而言，阿里巴巴将以每股 13.5 港元价格，回购旗下 B2B 公司的所有股份，将之从公众股份公司变回私人公司。

一系列紧锣密鼓的法律程序随之进行，到 2012 年 6 月 20 日，阿里巴巴 B2B 公司正式从港交所退市。在上市 4 年半的时间内，阿里巴巴总共融资记账 131 亿港元，回购花掉了 180 亿港元，这次上市，看起来似乎如同借了一笔银行贷款，或者发行了一笔企业债券。

看起来，阿里巴巴 B2B 这次的退市，并没有让企业获得多少收益。但马云表示："将阿里巴巴私有化，可让我们免于承受拥有上市公司所需面临的压力，能够制定对客户最有利的长远规划。私有化要约也可为我们的股东提供一次具有吸引力的套现机会，而不必无限期等候公司转型。"

实际上，早在 2007 年上市之前，马云就并没有像有些企业家那样，将上市看作功成身退的标志。他说：

"我深信不疑我们的模式会赚钱的，亚马逊是世界上最长的河，8848 是世界上最高的山，阿里巴巴是世界上最富有的宝藏。一个好的企业靠输血是活不久的，关键是自己造血。"[1]

马云对企业上市的意义和价值有着明确的认识，即在于推动成长，而非攫取财富。正因如此，当阿里巴巴 B2B 的业务净利润依然增长但营收表现并不突出、付费商户数量出现下降之时，他意识到，B2B 业务必须加快转型升级，但由于上市公司的架构影响、限制了这种升级，所以私有化退市成为必然。

在退市之后，马云又说道：

---

[1] 宋闯编著. 马云阿里巴巴管理日记 [M]. 北京：中国铁道出版社，2010.06.

"就像当年上市是阿里巴巴发展的起点而不是终点一样,今天的私有化也绝不是终点,而是一个新的起点。"[1]

他将退市描述为阿里巴巴集团主动休养的开始:"2012年,将是阿里巴巴集团实施'修身养性'战略的第一年,我们将全力修建开放透明、公正稳健的电子商务的生态系统。"在"生态系统"的新目标下,"为了能够在未来形势下真正服务和帮助好中小企业客户,我们必须强调整个集团各子公司之间的协调和配合。"[2]

主动从资本市场退出,对于任何一家上市公司的领导者来说,都并不是容易做出的选择。虽然阿里巴巴并没有出现严重的战略或经营问题,但为了提升产业结构、为了企业更好的未来,马云主动决定让企业再次"造血"而非"输血"。这也从另一面体现了马云个人行事风格对这家庞大企业的文化的影响:居安思危,胜过临危受命。如果等到企业出现问题甚至严重化时再做出决定,无论如何,都会为时已晚。而在企业做到最好的时候,选择退出,虽然领导个人必然会因此承受来自股东、投资者、市场的巨大压力,但企业文化将因此得以进化并保持完整的独立性。

在保留企业"造血"文化和留在资本市场之间,马云毅然选择了前者。同时,他也在其他的多个领域继续让阿里巴巴修身养性。这一切并不是真正的退缩,而是为了即将到来的更加辉煌。

---

[1] 阿里巴巴集团编.马云内部讲话2[M].北京:红旗出版社,2013.08.
[2] 阿里巴巴集团编.马云内部讲话2[M].北京:红旗出版社,2013.08.

第十章

今天和明天很残酷，后天很美好

马云说："今天很残酷，明天更残酷，后天很美好。但是绝大部分人，是死在明天晚上，只有那些真正的英雄才能见到后天的太阳。"

马云说这些话的时候，正是他创业不久，阿里巴巴遭遇网络寒冬之际。十年之后，当阿里巴巴从私有化退市开始，"以退为进"，奔向更大成就时，马云依然记得这句话，并加以身体力行。因为他知道，黑暗的漫长是超过常人想象的，而即便在表面的辉煌背后，也同样隐藏随时可能出现的危机。带有如此强烈危机感的阿里巴巴，将走过新的征程，拥抱已经到来的未来。

创造"双十一",现在!立刻!马上!

2013年11月11日深夜,杭州西溪阿里巴巴集团总部园区,办公楼内依然灯火通明。大厅里,人们紧张地盯着各自面前的电脑屏幕,沉默地操作着,只有鼠标、键盘的轻微点击声,以及偶尔响起的电话铃声。

屏幕右下角的时间跳到23:52,大厅入口处忽然传来一阵轻微的骚动,旋即又恢复了平静。身着灰色西装的马云在簇拥中走进这里,他抬头看了看现场巨大的显示屏,并没有多说什么,随即转身离开。

更多的员工甚至没有注意到马总的到来。短短八分钟之后,又一年"双十一"购物狂欢节开始。11月12日零点01分,第一分钟的成交数据闪现在大屏幕上:总支付宝成交额116 896 436元,超过1亿元!在这一分钟内,天猫和淘宝共同涌入上千万客户,完成了1亿元的订单。

人们来不及惊喜,因为屏幕上的数据不断在刷新。第二分钟,

3.71亿元;第三分钟,6.07亿元……随着累加数字越来越大,现场情绪的温度在不断升高。半个小时后,总支付宝成交额达到令人惊叹的40亿元。这个成绩突破了世界电商历史上的纪录,现场已经有人激动得流泪。

这一天,阿里的全天交易额为350亿元,比前一年增加了83%!马云和他的阿里巴巴团队,创造了新的"双十一"奇迹。

坐在自己的办公室里,马云对不断变化的数据同样格外关注。当全天的交易额终于提交到他的邮箱里,他开心地笑了。就在"双十一"的前一天,马云接受央视采访,做出了有着他一贯风格的承诺:"阿里今年双十一的交易额要突破300亿!"此言一出,有支持、有反对,也有嘲笑。毕竟,2009年开始的"双十一",第一年只有27个商家加入,凭借创造的5000万交易额,让马云坚定了继续扩大的信心。到2012年,"双十一"交易额达到191亿,已经被认为相当不错,谁又敢相信短短一年时间,就能突破350亿?

但马云摸透了现代青年的消费心理。他准确地感知到,"双十一"这个原本被戏谑为光棍节的日子,距离被打造为购物节,也只有一步之遥。而其中的关键,是怎样去营造特有的节日氛围。

马云说:

"把'双十一'变成整个中国消费者和厂家的感恩节,真正把它变成一个消费者日。我们在'双十一之前,有这么一个大胆的想法,应该把它变成厂家感恩消费者的节日,拿出最好的商品,拿出最便宜的价格,去感恩消费者。"[1]

---

[1] 2013年11月10日,接受央视财经频道采访

这一次，马云又做出了正确的选择。除了"感恩"文化之外，他准确地拿捏住了移动互联网时代下全社会年轻人的心理倾向：消费不仅成为满足生活需求的行为，更成为当不同集体面对某种程度的情绪问题时，所倾向于采取的代偿行为。这种代偿行为被淘宝与天猫等电商平台集聚、放大和点燃之后，很快就让"双十一"成为点燃全社会消费爆点的火种。

2013年的双十一只是开始。2014年，阿里的双十一销售额为571亿元；2015年的双十一，交易额达到912.17亿元；2016年，天猫双十一全球狂欢节总交易额超过1207亿；2017年，达到1682亿元；2018年，更是用时21秒就突破10亿元，全天交易额高达2135亿元！

"双十一"，就此成为阿里巴巴开创的又一个辉煌战例。而这一切，与马云团队的前瞻性、主动出击谋划是分不开的。

时间退回到2009年。那时，国际金融危机还在肆虐，智能手机则远未普及。一年前刚刚成立的淘宝商城，正处于"黑暗"之中，连团队都被面临解散，只剩下20多个人。3月，张勇接手淘宝商城，他说："我坚信B2C在未来是一个大趋势，是阿里巴巴不能失去的一块。没人管，那我就自己去管。"他后来又回忆说："在当时，淘宝需要做一件事情，需要让消费者记住淘宝，让品牌商家企业一起联动、推广、提高销售。"

在最黑暗的时刻里，张勇始终铭记着马云的那句话：

"不要等到一切都成熟之后才去做,因为没有你的机会了！"

他开始查阅国外电商的数据，发现2008年美国"黑色星期五"的一天销量在20亿美元左右。他为此怦然心动，希望部下能打造出淘宝商城的特色购物节日。

随后，淘宝商城的几个年轻人围着日历苦苦思索：10月份，线下有黄金周；12月，有圣诞和元旦，只有11月是最好的时机。随后，又有人从刚刚兴起的"光棍节"中找到灵感：既然没有对象，为什么不用购物来度过这一天？

张勇对这个主意很赞赏，他说，自己的生日是1月11日，这一天与自己有缘。就这样，27个商家参加了首届"双十一"，在淘宝商城最低迷的时间段，日后将改变中国电商格局的购物节日就此诞生。它同样也改变了淘宝商城的命运，使其走出低谷，成长为未来的天猫。

"双十一"最深远的意义并不仅仅在于为淘宝商城带来美好的明天，而在于拉动了阿里系的客服、支付、物流、网站技术、数据管控等体系，使其不断在升级的需求面前，实现自我突破。正如马云所说：

"其实双11不是我们赚钱，双11本身对于我们来讲没有什么赚钱，双11希望给消费者带来快乐，给商家带来快乐，给我们带来技术提升，给我们带来组织人才的提升。所以我们每年双11必须大量提升我们的技术，无论是物流技术，无论是我们支付的技术，无论是整个平台的技术，我们相信每一年双11都是十年以后的平均量。"[1]

"双十一"从另一个角度，诠释了马云敢于在不确定的环境因素下主动出击的创业精神，随后，菜鸟物流也终于由此破土而出。

---

[1] 2017年11月13日，接受央视财经频道采访.

"菜鸟"起飞,敬畏未来感恩昨天

2011年11月12日中午时分,申通快递海外部负责人夏祖彬拖着疲惫的身体,走回办公室吃盒饭。和申通众多工作人员一样,他已经连轴转了24个小时。在这特别的一天里,整个部门能动用的行政人员几乎全部进入转运中心现场工作。即便如此,客服部门转来的消费者投诉数量依然不断增长……

双十一,申通快递的日运量超过640万件,第二天则又是750万件在等待着他们。虽然提前筹备了每日600万件的运输能力,但对如此火爆的市场行情,民营快递企业依然显得力不能及。当时,全国快递行业每日运力的总和,也不过只有2000万件,而2011年"双十一"总共带来超过6000万个包裹的交易。

看起来,电商的腾飞,给快递业挖下了深邃的巨坑,而这个坑也会侵蚀电商的利益。爆仓的快递点里滞留了多少包裹,就会有多少投诉电话涌入淘宝和天猫的客服,让"双十一"在初起之时,就面临失去承载能力的风险。

马云由此开始了自己新一轮的战略谋划。面对风险，他看到更多的是机遇，他说："每个人都是别人挖的坟墓，但是如果学会给自己挖坟墓那么才最了不起。"为此，他不惜投入巨资，挟新的"大物流"战略，做传统物流行业的掘墓人。

2013年5月，马云宣布退休18天之后，阿里巴巴集团宣布，联合银泰集团、复星集团、富春集团、顺丰集团、"三通一达"（申通、圆通、中通和韵达），共同组建菜鸟网络科技有限公司。马云成为这家公司的首任董事长。

经历过曾经被物流行业发展规模和水平所限制的日子，马云终于能腾出精力，集中资源，建设自己梦想已久的物流企业。他说：

"这次的投资确实比较大，第一期投资1000亿，第二期投资2000亿，我们希望通过1000亿、2000亿的投资，撬动几十万亿中国已有的基础设施，能够把国家基础设施发挥出效应。"[1]

在菜鸟公司的理事会中，阿里巴巴占据3席，银泰占据2席，复星和富春各占7席。除了这些浙商企业，深圳市政府对马云的"菜鸟"也很感兴趣，在深圳前海刚被划为金融特区的情况下，菜鸟物流最终落户深圳。

对菜鸟物流，马云寄托了远大希望。他认为，菜鸟物流会首先在全国八个重要城市，按照他曾设想过的"八大军区概念"建立主干网络，随后在某个区域首先做深、做透。

实际上，马云投入"菜鸟"，多少也有被形势所迫的因素。早在2012年12月，电商企业易迅网就打出物流牌，推出"一日三送"；而京东则在2010年、2013年先后升级物流体系，开始

---

[1] 2013年，中国智能骨干网项目启动会议上的讲话．

在核心城市实现当日配送；苏宁同样着手兴建起物流基地和自动分拣中心……

面对这些自建物流的竞争企业，马云继续坚持他的平台化路线。他希望菜鸟对于物流企业，犹如淘宝对于零售企业，由阿里巴巴塑造出一个公平、高效的互联网运营环境，进而改变企业的原有模式。因此他说：

"我们不会抢快递公司的生意，阿里巴巴永远不会做快递，因为我们没有这个能力，我们相信中国有很多快递公司可以做得比我们好。但是这个物流网创立起来可能会影响所有快递公司以后的商业模式。"

马云甚至少见地在媒体面前表现了谦虚。他解释为什么要用"菜鸟"来命名这家新公司：

"笨鸟先飞，飞了半天还是笨鸟，而菜鸟，还有机会变成好鸟……我们希望自己成为一只勤奋、努力、不断学习、对未来有敬畏、对昨天有感恩的鸟。"

为了打造物流更好的明天，马云专门邀请各大物流企业各出资5000万元，在"菜鸟"中各占股1%。这些钱，对于顺丰和"三通一达"们来说很少，而一共2.5亿元的投资，对阿里巴巴而言也是九牛一毛。正如同他当年让18个合伙人将身上的闲钱放在桌上那样，马云邀请这些物流企业入伙，就是通过让出一定的股权和话语权，换取他们参与"菜鸟网络"构建的诚意，并为平台的资源整合做出贡献。而即便在成立之后，马云依然表示，"菜鸟"的大门没有关上，期待以后会有更多的物流企业加入进来。在马云当时的设想中，"菜鸟网络"会成为一个开放的平台，共同利用阿里巴巴线上的资源，提升整个行业的效能。而阿里巴巴，则是这个平台规则的制定者。

"菜鸟"出现之后,首先获益的是阿里。从2013年到2018年,"双十一"的交易额从300多亿到2000多亿,峰值快递量接近5亿个,但却再也没有爆过仓。相反,2013年时,送达1亿个包裹需要花去9天,而到2018年,送达同样数量的包裹只需要2天左右。

订单增多,效率提升,"菜鸟"开始腾飞。2017年,马云将菜鸟董事长的职位传给阿里创业元老童文红。此时,这家公司已经达到1300亿估值,覆盖全球224个国家和地区、全国2900个区县,在其中1000个区县实现了24小时必达目标,单日物流订单处理超过10亿件,开启了"云+端"的物流互联网服务技术。

巨大的流量和丰厚的商业利益面前,菜鸟网络的合作商名单越来越长。德邦、宅急送、EMS,甚至是电商对手京东旗下的京东物流,都已经纳入菜鸟网络中。但马云并不满足于此,他先后收购汇通,入股圆通和中通,又在2019年7月末宣布即将收购申通快递。可以预见的是,"菜鸟"成为鲲鹏的那一天,已经为时不远。

事业部制，"小而美"迎接明天

从建立阿里巴巴以来，马云既注重团队和人事的培养，也从来没有停止过对这家企业在组织结构上进行的扩张和调整。尤其在 2009 年之后，他不断对阿里巴巴旗下各公司的业务功能和团队部门进行分配、调整、优化，从而保持阿里巴巴的生命力始终旺盛。

马云之所以不断调整企业的组织结构，在于其内心始终汹涌的进取精神和危机意识。正如他所说：

"今天很残酷，明天更残酷，但是后天很美好，但是大多数人死在了明天的晚上。"

许多人只看到了"残酷"两个字，却没想到为什么大多数人死在明天，其实原因很简单：无非因为他们将今天的想法和做法，一成不变地带到迥然不同的明日。

2012 年的中国电商行业，正处于马云口中的"明天"。此时，距离 2008 年全球金融危机已经过去四年，残酷的昨天仿佛已经渐行渐远，但危机的暗流依旧没有过去。腾讯经营的 C2C 电商拍拍网和B2C电商QQ商城乏善可陈，只得宣布分拆电商业务；百度和日本乐天集团合资建立的B2C乐酷天商城，此时则因为经营不善而宣布裁员50%；B2C凡客诚品则开始面对巨亏，并由此时走上衰落之路。更多排名靠后的电商网站，则在越来越大的压力面前感到更多不安……

实际上，天猫商城的成功，让许多互联网企业看中了B2C这块肥沃的市场，纷纷上马。群体效应下，这些后起之秀面临着泡沫的风险，马云对此准确判断说："今天中国B2C泡沫，不亚于2000年（美国）的互联网泡沫。"

为了应对他口中的泡沫风险，马云率先行动。2012年7月，他将阿里巴巴旗下主要公司归类为七大事业群，以他最喜欢的武侠风格，将之命名为"七剑"：淘宝、一淘、天猫、聚划算、阿里云、阿里国际业务、阿里小企业业务。经过这一调整，阿里巴巴将B2B业务与淘宝业务进行整合，打造出整体的集团形象，顺利度过了B2C的泡沫时代。整合的效果，鲜明体现在淘宝的业绩上，正是这一年，淘宝系完成了"双十一"当日191亿元的销售量，整年销售额则突破一万亿，创造了新的历史纪录。

当然，这种整合并不是马云的最终目标。实际上，马云对组织机构本身并没有所谓的"最终"目标，他的目标，就是通过整合或分拆来适应变化、拥抱明天。

不久之后，无线互联网和智能手机进一步普及，马云再次捕捉到信号。2013年1月，在拆分"七剑"半年之后，他继续对阿里巴巴的组织结构进行大拆分，将阿里巴巴拆分为25个事业部，进一步打造"小而美"的商业形态。

其实，"小而美"是马云早在2009年就提出的概念，经过慎重的思考和全面决策,他终于在此时完成了以此为目标的调整。对于调整的背景与原因,马云在内部邮件中解释说:"这是公司自创始13年来,规模最大的组织结构变革;这不是一次看到变化的变革,也不是一次水到渠成的变革,而是对未来理想的实施……变革是痛苦的,但要是我们不变革,我们未来会连痛苦的机会都没有!……变革不是一时的,而是时时的,我们总在追求一种稳定,但在信息时代,变化才是最好的稳定。"

在邮件的末尾,他说:

"把大公司拆成小公司运营,我们给市场、给竞争者更多挑战我们的机会,同样也是给我们自己机会。我们希望阿里人一起努力把每一个事业部变成小而美、对生态发展有重大作用和价值的群体。"[1]

伴随邮件的发出,整个阿里巴巴被拆分为物流事业部、商家事业部、旅游事业部、无线事业部、音乐事业部、本地生活事业部等,25个事业部组成了9个事业群,其上则有战略管理执行委员会加以管理。

通过这种细化,曾经并不是阿里主要业务的业务内容获得独立,以寻求新的突破点。例如,物流事业部是阿里巴巴在2012年投资建设物流网决策下重点发展的业务单元;音乐事业部则属于2013年初收购虾米音乐后的发展单元。这些业务被看作非常具有发展潜力的业务,但如果在大公司的架构下,却并不容易被重点发展。如果不提前布局组织结构,即便外部条件开始成熟,企业也很容易受到过去的桎梏,无法凸显这些业务的重要性。因此,

---

[1] 2013.1.10 阿里巴巴内部邮件.

马云在此时主动拆分事业部,正体现了他"晴天里修屋顶"的管理与经营理念。

马云及时调整组织机构以适应变化的理念,深刻地影响到阿里巴巴此后的发展。2015年,马云从阿里巴巴CEO位置上离开之后,继任者张勇对阿里整个业务体系和组织体系继续进行重大升级,为全面推行阿里的"五新"战略而加以保障:2015年3月,淘宝、天猫、聚划算整合为"阿里巴巴中国零售平台";4月,成立智能生活事业部、阿里汽车事业部;2017年,又进行了多项组织结构领导的轮岗调整……阿里巴巴每一次组织机构的升级,实质上都是在马云思想主导或影响下,对企业整体战略升级进行对应的自我变革。

马云始终认为,想要看到美好的明天,想要具备拥抱变化的能力,就必须能从结构的根本上积极进行自我的改革与重塑。这是马云的组织理念,也是他的人生哲学。

生态平台整合，创造新价值

"让天下没有难做的生意"，是阿里巴巴集团的愿景追求。当马云率领这家企业经历了十几载的奋进成长，培育开放、协同、繁荣的电子商务生态圈，早已成为其愿景指导下的宏大战略目标。这一目标，为马云制定正确的企业战略规划提供了指导方向，为阿里巴巴继续完善其企业文化和品牌理念提供参考。同样，战略规划、企业文化和品牌理念，也为阿里巴巴构建创新型商业平台提供了原始动力。

即便单纯从自身盈利维度来衡量阿里巴巴，人们也会对其产生深刻印象。这家企业在马云的领导下划分为25个事业部，分别提供不同方向的服务价值，其中包括了淘宝、天猫、菜鸟、蚂蚁金服等企业主体，也为之搭建了强大的支付体系、云计算和智能物流体系。这些体系相互配合，功能强大，能够满足其中所有经营者的需求，并能在未来变得更加开放，以迎接更多的参与者。

但是，马云却并不希望阿里巴巴成为所谓的"帝国"。他曾经和海尔创始人张瑞敏共同讨论过企业发展方向的问题,并达成了一致的意见:企业一定不要成为帝国,一定要成为生态系统,因为帝国一定会垮掉。[1]进而言之,真正能够横跨三个世纪,经历102年而基业长青的公司,必然是服务型管理的而非控制的,是开放的而非自我封闭循环的。只有这样的企业,才能成为商业生态文明最重要的推进力量,面对厂商、消费者、物流、信息流、资金流等各方合作伙伴,阿里巴巴始终需要抱有足够尊重,并坚决捍卫正确的价值观。

马云甚至早在2007年时就希望将阿里巴巴集团打造成生态系统,他曾多次强调,重要的不是阿里能从生态系统里赚多少钱,而是在这个生态系统里面的企业能够赚多少钱,"只有他们挣得越多,我们才有机会挣钱"。

全球金融海啸,一度打乱了马云建设生态系统的计划进程。但以2012年他在网商大会上提出的"小而美"理念为开端,生态系统正式成为阿里巴巴建设的目标。为此,阿里巴巴正式开始了"四化战略"。所谓"四化",是指市场化、平台化、生态化和数据化。马云坚信,只有做到这四点,阿里巴巴才能打造出开放、协调而繁荣的商业生态系统,才能真正帮助到其中每个企业和个人用户,才能真正让"天下没有难做的生意"。这样的"四化",能够帮助阿里将生态系统建设得更加健康、透明、开放而有责任感,而进入生态系统的企业只要认可阿里的上述价值体系,就一定会更好。

---

[1]张瑞敏、马云意见一致:企业不要成为帝国,因为一定会垮掉[J].中外企业家,2017,(第24期).

2014年，在阿里巴巴招股说明书中，马云撰写的两千余字的《致投资者的公开信》格外令人关注，在不长的篇幅中，总共出现了24次"生态系统"。马云认为，阿里巴巴应该是"一个由成千上万相信未来、相信互联网能让商业社会更公平、更开放、更透明、更应该自由分享的参与者们，共同投入了大量的时间、精力和热情建立起来的生态系统。"在他的计划里，未来这种生态模式还将扩展到全世界，"未来，我们将会以世界因为阿里巴巴发生了什么正向变化，来衡量我们是否是真正的成功"。

在公开信里，马云也坦承现有的生态体系远非完美。他说，假货、知识产权等有关问题，正在试图利用阿里巴巴的生态系统获得不公平收益。但他同时也向投资者和外界承诺，阿里巴巴将重点解决生态系统内的各类问题。"一切人才、资本、技术、资源的运用，将会用来保障阿里巴巴生态系统的长期健康发展。"马云如是说道。

在马云发布公开信时，阿里巴巴自身已经完成了电商、金融和物流三大子生态系统的构建，实现了电商纵向平台群的打通。以这次公开信为标志，阿里巴巴全面利用其基于电商平台上积累的大量用户和历史交易数据，基于移动生活服务，构建个体消费需求侧的集成服务变革。他们利用其旗下或控股的来往、微博、去啊、九游、神马搜索、高德地图、阿里巴巴电影等业务，与金融、物流和电商生态进行组织共享，实现跨界经营，增强了原有生态系统用户的黏度。

马云和阿里巴巴的道路，面对生态化的战略目标，正一路延展……

首倡"五新",去想象和创造未来

2016年10月13日,杭州云栖大会主论坛。在许多双眼睛的注视下,阿里巴巴董事局主席马云身着一袭立领白衬衫,轻松地走上讲台。他扫视着台下一张张面孔,以回顾的语气开始了演讲:"二十年以前,1995年,我刚开始互联网创业的时候,全世界互联网的用户可能不到五万人,全世界的互联网从业者不到五万人。但是,今天到云栖大会参加会议的人,已经接近五万人……今天,我们真正诞生了一个新的世界、一个新的经济体、一个超过了20亿人的强大的世界经济发展的新基础。"

他随后谈起了自己对互联网经济本质的看法:

"互联网没有边界,就像电没有边界一样……我认为,它不是一个虚拟经济,它是一个未来的经济……以前创业你可能要钱,你可能要资源,你可能要各种各样的关系。未来只要利用技术、数据和创新,人人将会有机会。"

话题很快转到阿里巴巴本身,马云提出的概念让所有人耳目

一新:

"我们希望通过1000亿、2000亿的投资,撬动几十万亿中国已有的基础设施,能够把国家基础设施发挥出效应。"

至此,新零售作为本次演讲的主题,终于跃然而出,成为新的"马氏经典"。

什么是新零售?本次演讲后,许多人纷纷提出了这样的问题。毕竟,今天的马云,早已不同于当年奔走宣传电商模式,他的一言一行、一举一动,在媒体看来,都有可能揭示未来个人创业的正确方向,乃至整个社会和国家的经济变革趋势。

一言以蔽之,新零售在传统互联网商业基础上诞生,它以新技术为驱动力,以S2B模式为代表,以线上线下连接为场景特征,是一种全然不同的商业模式。

马云之所以提出新零售的概念,在于他又一次敏锐地察觉到阿里巴巴乃至整个行业面临着的危机。当传统电商竞争越来越惨烈,用户活跃度降低、营收模式遭遇瓶颈、上家不满意度增加,都开始困扰传统电商。如何找到后互联网时代发展的新模式,阿里巴巴作为电商行业巨头,思考得最早,总结得也最为深刻。

正如马云所说的那样:

"我们不是破坏性创新,我们是建设性创新……我们建立新的东西。"[1]

过去,他没有大张旗鼓地宣称要颠覆传统的线下商业模式,而是为建立电商模式而奔走疾呼。现在,即便察觉到互联网电商模式的危机,即便他有了强大的能力,也依然没有对整个行业进

---

[1] 2016年蚂蚁金服年会的讲话.

行"破坏",而是以建设的姿态进行又一轮创新。毫无疑问,这体现出马云所一贯坚信与奉行的价值观和经营理念。

正因如此,到 2018 年云栖大会上,他依然在强调从新零售到新制造的主题。在这一次的演讲中,他将新制造定义为制造业和服务业的完美结合。因此,新制造的竞争力不在于制造本身,而在于其背后的创造思想、体验、感受以及服务能力。毋庸置疑,这些要素,也同样是新零售行业的崛起所必不可缺的。

纵观 2016—2018 年间,马云所提出的新零售,有以下三项特征:

第一,新的驱动力。电商的主要驱动力来自互联网,通过互联网的平台处理,消弭传统商业模式中的诸多流程和环节的壁垒。而新零售的主要驱动力包括大数据、云计算、智能科技为代表的新技术,它们能够更深介入到商品生产的具体流程中,从根本上提升整个行业的发展效率。

第二,新的模式。电商时代,商业模式从 C2C 到 B2B 再到 C2B,却总是绕不开企业和客户两端。而新零售时代的商业模式将以 S2B 为代表。

S2B(Supply chain platform to Business)模式,是马云手下得力助手曾鸣在 2017 年 5 月率先提出的。S 是指一个整合了巨大供应链资源的平台,B 是指这个巨大平台所对应的万级、十万级甚至更高级别企业端。平台和企业之间的关系并不是简单的加盟或撮合,而是"赋能"。这一过程中,B 端通过对市场情况的掌控,了解客户的需求和痛点,再从 S 端那里获得整个供应链整合之后的资源能力,满足用户的定制需求。因此,S2B 与传统的互联网商业模式有显著不同,考虑得更多是如何通过对 B 端用户的赋能,推动行业深度变革，带来整个商业模式的升级，以应对用户的消费升级。

第三，新的场景。传统电商的场景基本上集中在线上，正如同当年马云想方设法要将更多的中小企业搬到"中国黄页"那样，此后的十余年中，无论哪一家电商巨头，想要做的都是将海量的线下用户尽可能吸引到线上，再以互联网技术来为他们提供去中间化服务。然而，新零售时代的商业场景已经不只是单纯的线上，人们更加期待线上和线下的统一，以促进行业效率的提升。

马云在提出新零售时，将其看成了与电商完全不同的崭新概念。这似乎预示着，新零售时代，商业的可能性比电商时代要更加广袤，能够提供更大的想象空间。虽然新零售时代的大幕才刚刚拉开，但人们有理由相信，马云凭借其想象力和创造力，对新零售以及其背后的新技术、新制造、新能源、新金融所做出的战略展望，必将在不久之后伴随着阿里巴巴的行动，而变得越来越清晰、立体。

第十一章

传播品牌，比传播商品更重要

　　伟大的艺术家，必然有使其流芳百世的代表作。每一个成功的企业，也都与领导其成功的名字紧密地关联着。人们很难分清楚，在这样血肉相连的关系中，究竟是企业成就了人，还是人成就了企业。但有一点是肯定的：企业家的言行举止，如同一个班级的教师那样，始终代表着企业的形象，代表着这个集体的品牌，代表着他们传递给社会的信息与能量。

纽约钟声，全球见证盛大时刻

从1994年到2014年，我国互联网已走过了20年的发展路程。20年的努力，我国已经成为全球网民数量最多的国家、全球最大的电子信息产品生产基地、全球最具成长性的信息消费市场。同时，这一年也成就了我国互联网公司赴美上市历史上最辉煌的时段，全年共有11家企业赴美上市，而其中最亮眼的那颗星，自然属于马云无疑。

2014年3月16日，阿里巴巴正式宣布启动赴美上市计划。消息一出，全世界投行都开始疯狂竞争阿里巴巴IPO项目。这一项目融资额高达150亿美元，估值将超过1000亿美元。

阿里相关部门也为此更加紧锣密鼓起来，实际上，大范围的造势活动，早已开始。

马云擅长造势，也喜爱造势。早年间创业时，他就竭尽所能获取媒体的关注和宣传，从杭州一路找到北京。而当阿里巴巴诞生之后，他又如同狂热的传教者那样几乎跑遍全球,用夸张的语言、到位的神态，向人们诠释电子商务的意义和价值。以至于很多员工进入公司，才发现马云全然不是讲台上那样的个人形象。

而此时的造势，则更多体现于阿里巴巴的资本运作上。2013年下半年，马云首先收购了移动网络浏览器 UC 的股权，双方合作推出"神马移动"；10月份，阿里巴巴成为天弘基金最大股东，并推出余额宝而杀入金融理财业；紧接着，阿里巴巴先后进军华数传媒、恒生电子、高德地图、银泰集团，又创立了天猫全球，投资了新加坡邮政集团和澳洲邮政，马云在进一步构筑强大的电商生态圈之外，也让阿里巴巴的全球品牌影响力进一步扩大。

但是，马云并不满足于此，他更选择了带领阿里巴巴进军影视和足球行业，从另一个维度丰富品牌内涵，给投资者更多想象空间。2014年3月，阿里巴巴获得了文化中国60%的股份，并拥有了这家香港公司70.8%的投票权，这家公司很快更名为阿里影业，并开始不断出现在亿万人的影视生活中。而"广州恒大淘宝足球俱乐部"这个新名字，也让羊城球迷很快熟悉起来。5月，名为《扬子江鳄鱼：阿里巴巴的故事》的纪录片与全世界观众见面，这部电影由美国人执导和拍摄，讲述了他眼中和工作过的阿里巴巴。"巧合"的是，在一周前，阿里巴巴刚刚提前公开了赴美IPO招股书，这很可能又是一次来自马云创意的成功品牌营销。

2014年9月9日，经过缜密的筹备，阿里巴巴集团在纽约举行首次路演，众多华尔街大腕到场，原本预计500人出席的会场挤下了800多名投资者。现场排的队伍拐了18个弯，等电梯都要花费数十分钟。在路演现场，马云和阿里副董事长蔡崇信以"自顶向下"的方式，向潜在投资人介绍了阿里巴巴，其中包括阿里巴巴的愿景、价值观和目标，而潜在投资人则提出了十来个问题，涵盖了他们想要了解的情况。

9月19日9时30分,阿里巴巴在纽约证券交易所正式挂牌,价格为每股68美元。由于交易量庞大,阿里创下了美股10年来开盘时间的最长纪录。令人始料未及的是,上市的敲钟人并不是马云,而是八个普通人:两位网店店主、快递员、客户代表、电商服务商、网络模特、云客服,还有一位来自美国的农场主。马云解释说:

"我们努力了15年,不是为了让我们自己站在台上,而是为了让他们站在那里。因为我们相信,只有他们成功,我们才会成功。"

作为阿里巴巴上市品牌的"代言人",这八位敲钟人全都并非等闲之辈。他们中有曾经的奥运冠军、如今的时尚淘宝店主劳丽诗;有兼具淘宝模特与孤独症儿童教师职业的何宁宁;为发展家乡电商梦想而打拼的农民店主王志强;依靠电商振兴加入青川震后建设的海归创业者王淑娟;淘宝头号粉丝、"淘宝博物馆"创建者乔丽;在送快递中为贫困地区收集旧衣服,建立两座乡村图书馆的快递员窦立国;阿里巴巴兼职云客服、三年内服务16000多名客户的"90后"大学生黄碧姬;通过天猫将车厘子从美国卖到中国的农场主皮特·维尔布鲁格……

马云用一如常日的特立独行,选择这样的八个敲钟人,塑造出阿里巴巴丰富的品牌形象。这八个人都是草根出身,有着不同的经历背景,却又在阿里巴巴这个平台上走到一起,树立起同样的目标,做着同样的事情。这样的组合,显然可以表达阿里巴巴"客户第一、员工第二"的品牌经营精神,同时也能传递出阿里致力于打造生态系统而非建立企业帝国的决心。

这次上市成功,让阿里巴巴成为全球仅次于谷歌的第二大互联网公司，马云个人身家则超过 200 亿美元。阿里巴巴的市值超过了 2314.39 亿美元，位于前一年世界各国 GDP 排行榜中第 43 位巴基斯坦与第 44 位伊拉克之间。这次上市，不仅直接提升了马云的名誉和财富，也让许多投资人获得巨大收益。更重要的是，阿里巴巴能够登顶美国纽约证券交易所，本身也代表了中国企业国际化发展的里程碑。从此之后，中国互联网企业将在这条道路的指引下，创造一个又一个新的奇迹。

"月饼"风波,价值观基础不动摇

2016年9月13日,正是传统佳节中秋到来之际,始终以企业文化和谐著称的阿里巴巴,突然发生了一场不大不小的"负面"事件。事件的起源,居然是作为中秋礼物而为员工准备的月饼。

这一年,为了表示对员工努力工作的感谢,阿里在内部网平台上推出了"中秋抢月饼"的活动,月饼造型可爱,很有阿里文化感,而每个员工抢购的数量也有限制。这吸引了来自阿里安全部门的五位技术员工,他们利用自己熟悉的专业特长,不动声色地在系统里刷到了总共133盒月饼。

这件事迅速在公司内网开始发酵。几天后,时任阿里巴巴集团首席人力官的蒋芳,给员工写了一封内部公开邮件。邮件宣布:"首席风险官刘振飞及阿里云总裁胡晓明在与上述同学经过非常坦诚的沟通之后,公司对上述同学做出了劝退的决定。这不是一个容易做出的决定,也不是一个可以得到各方面理解的决定……"

被劝退的五个员工中,最令阿里人感到遗憾的是阿里云安全团队的一位叶姓员工。据说，叶姓员工是阿里云安全团队在安全攻防技术上的技术高手。他从2010年加入阿里开始，见证了云计算的成长，他只用8个人的云盾团队，就负责当时整个阿里云的防卫。他的直接领导在朋友圈中哀叹，说叶姓员工是未来注定要升到P10（阿里集团技术员工最高等级）的重要人才，公司对叶姓员工的劝退，是"便宜你们这些安全公司了"。消息发酵到网上，不少网友更是为他们感到委屈，觉得区区数十盒月饼，为什么就要下此重手？

其实，马云向来重视每个员工，怎么会忍心就这样放走技术高手？但现实是，阿里的品牌已经是无价的，这不仅因为阿里已经是全球化的上市公司，更在于其品牌内涵中积累了十几年的深厚价值观。任何人违背了价值观，就是对品牌价值的破坏，无论这样的行为出于有心还是无意，马云都无法容忍这样的人留在公司。

事实上，不必说做出违反阿里价值观的事情，即便员工在言行中表现出对价值观的轻视，马云都会敏感地察觉到，并会对这样的人"痛下杀手"。

当年，马云去深圳视察阿里巴巴分公司，那时还是陆兆禧在担任阿里巴巴深圳分公司经理。马云和一位同事交流，谈到价值观问题，这位员工居然随口说道："价值观稍微虚了点，我们销售最主要的就是业绩。"马云听后，很不高兴，告诉陆兆禧说，这样的员工不能留。后来，还是陆兆禧在信誓旦旦地保证这个员工价值观执行到位、业绩很棒，才将他留在了公司。

马云在参加央视节目时，亲口说过另一件事：公司销售团队组织培训，负责讲课的员工用"如何把梳子卖给和尚"作为案例，讲得天花乱坠、头头是道，也让参加培训的人感到兴趣十足。但他听了五分钟以后，就决定要将这个培训员工"请"出公司。原因很简单，因为在他看来，千方百计将东西设法卖给没有需求的人，"已经不是销售术，而是骗术"。

这些事足以说明，马云对价值观敏感到近乎洁癖的程度，并非一朝一夕就形成的，他绝不是因为公司上市就突然想到了整顿内部价值观，或者为了继续扩大品牌影响力而杀鸡儆猴。相反，正是这种始终追求队伍纯洁的坚决理念，才让阿里巴巴在当初毫无背景的情况下，拿到数千万美元投资；才让阿里巴巴即便在最困难的时候，也会开除通过回扣来拿到订单的员工；才让阿里巴巴成为可能是全世界唯一一个有"组织部"、"政委"体系的跨国企业……在外人看来，这似乎相当不近人情，但当企业家掌控着一家十万员工、市值四五千亿美元的巨型企业时，他必须如此"冷酷"。

对企业价值观忠诚到偏执的企业家，并非只有马云一个。相比之下，创造了苹果神话的乔布斯才算真正的冷酷。据说，他曾经要求设计工程师在最新的麦金托什电脑时，保证外表不能看到一颗螺丝，但随后的模型机里露出了一点螺丝帽，乔布斯当场就开除了这个可怜的工程师。还有一次，他直接开除了一位主管苹果零售业务的员工，理由是零售店的袋子颜色和外形"太过丑陋"。这些可能让乔布斯显得难以接近，但并没有妨碍乔布斯成为伟大的企业家。

相比乔布斯凭借个人喜好和言行来诠释的价值观，阿里巴巴的价值观已经在企业中通过招聘、培训、日常工作和考核等手段普及了十余年。面对这样一家业务涉及零售、金融、影业、物流、文体等多个领域的超大型公司，马云不可能再以个人能力去守卫十万人的团结，只有价值观，才是集结并评判每个人的核心指标。

对阿里巴巴而言，价值观不仅能在"战时"状态上激励员工、成就企业，也能在日常捍卫和规范这个由顶尖人才组成的庞大组织。一旦这种防线被即便看似无害的行为积累破坏、最终突破，最终受到影响的也必然是阿里巴巴的整个品牌内涵与形象。这势必是马云所无法容忍的。

单纯从抢购月饼和秀技术的心态来看，使用了技术手段进行作弊的员工，或许并没有太大的恶意，实质上也没有直接涉及阿里外部平台的业务。但考虑到数十元一盒的阿里月饼，当时在外部市场上已经被炒到数百元，再加上其他广大员工并没有能力使用这种"技术"，因此阿里做出"对于内部其他小二造成福利分配的不公正"的结论，实际上并不为过。另一方面，"刷月饼"本身是一种近似于黄牛炒作的行为，阿里巴巴一贯对此坚决反对，再加上作弊者的身份也异常敏感——作为互联网公司的安全团队，必须是道德风险最低而责任意识最强的，这个部门的人，即便参与到哪怕是最小的黄牛作弊事件中而没有受到惩罚，也会潜移默化影响到其他每个部门，进而改变外界对阿里巴巴和马云的看法。

因此，"月饼门"最终以主角的黯然离去作为结局，也并不为奇了。

从阿里离开之后的几名员工，很快都找到了很不错的工作，在接受媒体采访时，他们并没有流露出对公司的抱怨之情，反而表示对那里的工作效率和团队气氛很是怀念。作为网络热点，"月饼门"很快就过去了，马云本人也并没有在公开场合就这件事发表任何看法。但人们依然能通过这件事，感觉到阿里巴巴对自身品牌与价值观的高度自尊与强烈捍卫，感觉到马云对这家公司所寄托的无限期待。

一场盛大年会，让全世界瞩目

2017年9月8日，马云的"孩子"阿里巴巴终于迎来了自己的成人礼。这一年，为了庆祝公司成立18周年，马云选择在杭州黄龙体育中心召开集团2017年年会。这，也是阿里巴巴成立以来历史上规模最大的年会。

选择如此大阵仗的年会形式，马云想要达到的目标自然不只是鼓舞士气、激励员工。深谙品牌营销之道的他清楚，在移动互联网大众传媒时代，事件营销往往是最能够在短时间内吸引广泛大众眼球的。这种营销手段可以集中公关传播和市场推广手段的优质资源，将新闻效应、广告效应融于一体，完成形象传播、公共关系与客服关系的塑造。通过事件营销，既能够推介产品品牌，也可以更充分地建立阿里巴巴品牌的识别与定位，是一种能够迅速提高品牌定位的营销手段。

马云自然是品牌营销的老手。在阿里巴巴刚刚崛起后不久，他就利用与金庸的私交，打造出专门针对网商CEO的"西湖论剑"，随后又在这个基础上打造出"网侠大会""网商大会""云栖大会"等。马云是事件营销的高手，也是阿里巴巴品牌多年如一日的营销旗手，并为此付出了常人难以想象的努力。

2000年9月，在两次成功融资后，为了进一步在商界提升阿里巴巴的品牌影响，马云想到了在杭州展览会期间由阿里巴巴主办"西湖论剑"。他邀请了搜狐掌门张朝阳、网易掌门丁磊、新浪掌门王志东和8848掌门王峻涛等四位IT界声名显赫的人物。除了他们，马云还邀请了50多家跨国公司在华代表、上百名新闻记者，以及各个行业的代表人物。既然是"论剑"，自然少不了金庸大侠。

这次大会谈了什么，今天早已不再重要。事实证明，马云当时也没有计划要通过会议达成任何实质目的。在会议举行之前，普通民众更多熟悉的是新浪、网易和搜狐这些门户网站，而这些代表高科技经济的时代骄子，与代表传统武侠文化的金庸先生，集聚杭州西湖泛舟相会，人们不禁会问：是谁让如此不同的人们坐到了一起？他们到底会谈什么？就这样，马云和阿里巴巴给网民带来了一个深刻的印象，获得了品牌号召力中的"第一桶金"。而马云也借势说道："我想把西湖论剑作为将来中国中小企业发展、成长的领导艺术、领袖艺术的交流平台。这也是我们要做的社会责任。"此后，西湖论剑不断举办，每一届都邀请当时互联网最优秀的企业领导者出席，使之成为杭州本地重要的文化经济论坛活动，而每一届，阿里巴巴都始终以主办方的身份参与其中，获得了持续不断的品牌影响力。

现在，轮到阿里人自己的年会了。由于场地限制，通过抽签选出4万名员工代表来到现场，除此之外，仍然有大量员工从海外前来，其中也包括来自21个国家的800多名外籍员工，其中很多人还是第一次来到杭州和阿里总部。为了筹备这次年会，总共涉及100多班次航班、32个班次高铁（其中8班是在原有铁路营运基础上，申请增开的）、100多家酒店、1700车次的大巴，准备了6.7万件T恤、12万瓶矿泉水，现场演职人员超过2000人（绝大多数都是阿里员工），工作人员超过2000人。

这样的年会阵势，全中国也不会有几家，更不用说杭州了。

到8日下午，年会舞台已经搭建完毕，背景采用黑灰元素的酷炫风。四块上百平米的巨型喷绘，挂在黄龙体育中心门口，这四组喷绘，展现的是阿里巴巴全球6万多名员工的笑脸，共同呈现出"亲"、"hello world"以及阿里巴巴LOGO等字样。

从下午开始，员工们陆续进场。素以贴心闻名的阿里行政部门为每个来现场参加年会的人准备了福袋，福袋中有水、小面包、牛肉棒、火腿肠，有湿纸巾、环保垃圾袋、雨衣、扇子，还有现场观看演出用的气氛物品。

除此之外，每个人都配备了一支IOT手环，该手环采用阿里自主研发的物联网技术实时精准控制，每个手环都独立接收和执行命令，并达到毫秒级精度的响应量级。在现场，带着手环的所有人都会作为一个像素点，共同协作，形成一张超过三万平方米、全世界有史以来最大的无线大屏幕。这个大屏幕会自动采集播放音乐的音频强度，将其进行转换，结合颜色变化，形成动图，呈现到现场，达到前所未有的即时播放、整体转换的效果。

实际上，阿里巴巴技术部门的工程师和程序员们也煞费苦心，将整个黄龙体育中心都打造成为阿里公司的办公内网。当晚会开始之后，虽然现场有四万台手机，但依然能够如同在办公室那样，轻松地现场发送消息、小视频和弹幕进行互动。

经过欢乐的巡游暖场活动，晚上七时，年会正式开始。来自各个部门的员工展现出非凡的文艺才华，与特邀前来的嘉宾逃跑计划、何炅、高晓松等，共同表演了18个节目。而马云则佩戴着精致的王子面具，身骑哈雷摩托霸气登场，与员工们一同大跳迈克尔·杰克逊的经典舞步，在最后定格的那一刹那，全场气氛瞬间沸腾至最高点。但这并不是他当晚表演的唯一节目，随后，他又和蔡崇信、井贤栋、张勇表演了华丽的高难度魔术"大变活人"和"瞬间转移"，让员工们兴奋尖叫、惊喜连连。

晚会将近结束时，五个色彩不同的能量球，在全场近四万人的欢呼与呐喊声中，越飞越快，直到冲上舞台。转瞬间，大屏幕上深邃的星空，飞散出一片最热烈而温暖的橙色，这正是阿里的代表色。

马云不仅用这次年会更大规模地宣传了阿里，还以此为契机，推出了阿里的经济体时代。他说："今天的阿里巴巴已经不是一家普通的公司，已经是一个经济体，一个新型的经济体……这个新的经济体诞生在互联网上，我们希望通过这个新的经济体及其搭建的基础设施，让全世界的年轻人、中小企业能够做到全球买、全球卖、全球付、全球运和全球邮，我们希望能够让更多的发展中国家、中小企业和年轻人都能够分享自由贸易和全球化的快乐，尝试创业创新的快乐，享受技术进步的好处……再过19年，我们希望能够打造全世界第五大经济体，而这不是因为规模，而是责任，更是担当！"

利用这次年会演讲，马云成功地发表了阿里的"成人感言"，也让其品牌内涵再次扩充。他指出，公司是以自己利益为主要考虑，而经济体则要更多地担当社会责任："我们只是希望，在有一天这个公司不存在的时候，别人会说，这家公司最大的贡献不是它曾经卖过多少货，而是这家公司对互联网的普及，大数据的普及，对基础设施、对很多年轻人有开拓的思想，这是我们最大的乐趣所在……未来5到10年，我们不是要超越谁，也不是要当世界前三，而是要为未来解决问题，要为中小企业、为年轻人、为我们当年让天下没有难做的生意这个承诺去付诸于行动。"

演讲结束，全场欢声雷动，四万人发出的声浪，直冲黄龙体育中心上方的深邃夜空。马云站立在台上，看向面前星星点点的灯光，那里是一张张年轻的面孔，对他寄予无限信任与期待。面对着新的阿里，面对着阿里新的目标，没有人知道此时的马云想到什么，或许他只是想到18年前，在湖畔花园小区简陋的办公室里，正举办这家公司的第一次年会，那时，他面对着十几张同样年轻的面孔，也是这般坚定果敢地说道："我们终将赢得明天！"

"玩"电影,更"玩"出新内涵

2017年"双十一",马云又"玩"出一个新花样。他担纲主演了一部电影,共同演出的,还有几乎大半个功夫娱乐圈的演员。其中有李连杰、吴京、甄子丹等功夫巨星,以及邹市明、朝青龙、托尼·贾、向佐这些大牌明星。电影武术指导由袁和平、洪金宝和程小东三位顶级专家担当。主题曲《风清扬》用了马云在阿里的"花名",由马云和"天后"王菲共同演唱。甚至连剧中三个配角,也都是黄晓明、李晨、佟大为出演。

这部只有22分钟的电影名为《功守道》。

为了拍好这部电影,马云罕见地连续12天待在片场,每天拍摄时间12小时左右。自从创立阿里巴巴以来,他从来没有连续12天呆在同一个地方办公过。这期间,马云向剧组只请了三个小时的假,理由是为了去见访华的墨西哥总统。

马云如此集中注意力来"玩"这部电影,其意义显然不只是为了"玩票",而是"玩"出新的品牌效应。

马云对功夫的喜爱，早已尽人皆知。马云说，自己有两件事坚持了十多年，第一件是在西湖边学了十几年英语，第二件就是练了数十年太极。为了学习太极，他还专门跟随了不下八位宗师，是陈氏太极拳第十九代传人王西安的徒弟。

他说："我从道家悟出了领导力，从儒家明白了什么叫管理，从佛家学到了人怎么回到平凡。这些思想融会贯通，刚柔相济，就是太极。"他更进一步解释时说道："你要想活得好，就得先运动；你要想活得长，就得不运动。那你怎样能够既要活得长又要活得好？那就是慢中的运动和运动中的慢。太极拳就是这个道理。同样一个企业也是这样，要控制好节奏，懂得什么时候该动，什么时候不该动，才能让一个企业既可以持续发展又能发展得好。"

慢中的运动、运动中的慢，看起来似乎有点故弄玄虚，但反观马云与阿里巴巴的成长过程，又无处不在体现着他对太极运动禅意的理解。马云在北京时，阿里巴巴还根本不存在，而此时雅虎、新浪、网易、搜狐早已风生水起，看似创业已然慢了一拍，一朝出手，却又寰宇皆知，这正是慢中的运动。等他拿到风投，进行全球布局遇挫，很快又将重心回到国内扎根江浙，这又是运动中的慢。正是将动静二者充分结合，才造就了今日的阿里巴巴。

马云对太极的爱好，也影响到了阿里巴巴的员工。在这家企业内数十个社团中，也有专门的太极爱好社团，还在国际太极拳大赛上拿过集体赛冠军。可以说，太极所代表的"禅文化"，已经在某种程度上融入了阿里巴巴的企业灵魂中，同其武侠文化、价值观、愿景充分结合在一起，形成一种外人说不清道不明，而阿里人自己却清晰可辨的群体默契。

正因如此，马云选择了用这部太极电影，丰富阿里文化品牌的内涵，在推广太极、自我娱乐的同时，更加能传递出企业精神的渊源所在。其实,这个想法早在 2009 年他遇到李连杰时,就已经初步成型,只是那时时机尚未成熟,马云忙碌得如同空中飞人,而到 2017 年时,一切都已水到渠成,这部电影很快被提上日程,并顺利推出。

无论从艺术还是商业上看,这部功夫微电影都不算顶级水准,但从历史意义上来看,这是中国前无古人的企业家品牌电影。从"双十一"在阿里自家的优酷 App 上推出后,《功守道》的播放量在一周内很快达到 1.3 亿,将文娱形式和名人效应的推动力放到最大。11 月 15 日,一项新兴的体育竞技赛事"功守道"揭幕战在北京打响,联想到其背后操盘的阿里体育集团,很多人这才恍然大悟,原来电影《功守道》只是个序幕,推广太极、扩张阿里体育品牌,才是马云更为长远的目标。

事实上,对于阿里巴巴这样一个以电商、金融业务起家的大型企业而言,想要在已经战火纷飞的体育文娱领域获得一席之地,不亚于第二次创业。马云曾说过:品牌不等于广告,广告砸出来的只是知名度,品牌是口碑相传的,品牌的"品"就是口碑相传,"牌"是要有品位,有文化内涵的,绝不是广告砸得出来的。而在最短时间内树立阿里体育和文化品牌的方法,莫过于身为企业形象与精神代言人的他亲自上阵,去拍摄这样一部必然引起广泛关注的功夫电影。无论在成本和投入的性价比上,还是在彰显企业的坚决态度上,马云在亿万电脑屏幕上打出的一招一式,都显得最具有说服力。

一直以来,马云都在用自己的言行去诠释着阿里巴巴品牌的内涵和价值,而《功守道》这部电影,则让他找到了更加与众不同的立足点去完成个人与企业形象的对接。从这个角度来看,这部电影所投入的一切,对阿里巴巴来说都将产生持久的回报。

交棒张勇,传承从交替开始

虽然当年毅然离开了教师岗位投身商海,但在成功之后,马云曾经多次表示,从个人喜好上来看,自己更愿意做老师。一开始,人们以为这只是成功者的谦虚表现,但当 2013 年 1 月马云宣布自己从当年 5 月开始不再担任 CEO 职位时,公司内外都切实感受到了他退居幕后的意愿。

岁月如歌,从杭州湖畔花园开始,马云在这个位置上已经工作了长达 13 年多。他希望自己能够换一个角度来引领公司,不必是 CEO,而更像一位导师,一位阿里巴巴的品牌代言人。

在 2013 年宣布离任 CEO 的公开信上,马云说:

"这 14 年来,阿里的业绩让我骄傲,但更让我惊喜的是阿里人的成长。阿里独特的文化,造就了一大批独特魅力的阿里人。作为创始人 CEO,退让 CEO 是个不容易的决定,因为这容易造成误解,特别是我这个年龄,还是常规意义上年富力强的时候。我绝无偷懒之想法,尽管当阿里巴巴 CEO 绝非易事,我是看到阿里年轻人的梦想比我更美、更灿烂,他们更有能力去创造自己的明天。"

曾几何时,初创阿里的马云并不喜欢抛头露面接受采访,是下属的一句话点醒了他:"你以为马云的名字只属于你?那也是阿里的财富。"而现在,阿里巴巴完成了25个事业部的组织结构改造,正在迈向华尔街,他显然已经不愿意看见阿里巴巴只有"马云"这一个名字。

马云认为,如果创始人不能离开公司,或者公司只有创始人来担任领袖品牌,那么这家公司的文化在很大程度上是不健康的。没有人能够永远等同于一家公司,因为任何想要经历三个世纪的伟大公司,必须不断交给一代代年轻的优秀人才去经营。因此,他在公开信中写道:"我们将把领导责任交给七八十年代的同事","接任创始人CEO是个很艰难的工作,特别是接像我这种外星人类的CEO更是需要有巨大的勇气和牺牲精神。阿里巴巴有幸有数位这样的人才。"

随后发生的事情证明了马云对年轻接班人计划的坚定推行。2013年5月10日,陆兆禧正式接任阿里巴巴集团CEO。但两年之后,马云决定换帅,这一次,他选择了更为年轻的张勇。

张勇并不是阿里"十八罗汉"之一,也不是阿里自己培养的管理人才。他曾经担任过盛大的副总裁和CFO,2007年加入阿里,担任淘宝网CFO,后来在集团多个岗位上磨炼过,到2013年,他终于获得成为阿里28名合伙人之一的资格。

表面上,张勇和马云的风格完全不同,前者脚踏实地,后者则天马行空;前者理性冷静,后者则激情四射……但坐在办公室时,他们却都有一样的价值观、一样愿意为阿里的事业鞠躬尽瘁。

马云的野心,让他从来没有满足过做老板,而是想要做引导与庇护他人的"大侠"。张勇则在第一次见马云时如此说:"我已经做过一家30亿美元的公司,现在,我想做一个300亿美元的。"

面对困难,马云从不退却,而外表儒雅的张勇更是有着其骨子里执拗正直的一面。在2011年"淘宝围城"事件里,他坚决不对小商家让步,最终是马云出面提出妥协方案加以解决。这次事件却让马云认同了张勇的"勇"字,那正是马云所依赖和信奉的"虽千万人吾往矣"的英雄主义情结。而随后一手打造的"双十一购物节",则更加奠定了张勇在马云心中的位置。尤其当2013年后,陆兆禧败走"来往"项目,退居二线的同时,选择"ALL IN 无线"的张勇,却让手机淘宝成为全球最大的移动电商平台,帮助阿里完成了PC向移动时代的跃进,使得马云认可了他的接班人地位。

当听说自己将即将成为阿里巴巴第三任CEO时,张勇表现得非常沉静。即便如此,马云依然用他特有的风格,私下告诉张勇,做CEO是一个苦活,做阿里巴巴的CEO,要做好遇见最大麻烦的打算。

成为CEO前后,张勇积极布局"五新"格局,包括入股银泰、牵手苏宁、打造盒马、入股高鑫零售、收购饿了么,与星巴克等国际品牌达成全面战略合作。在阿里的"五新执行委员会"中,张勇担任执行委员会主席。在其领导下,阿里连续13个季度保持健康持续增长,而新零售在其中作出了重要贡献。这份沉甸甸的成绩,让阿里在2018年全球互联网企业业绩普遍下滑的背景下,更加鹤立鸡群。

显然,张勇通过了考验。2018年9月10日,教师节,马云宣布,从 2019 年 9 月 10 日开始，他将不再担任阿里巴巴集团董事局主席，届时将由张勇接任。马云说：

"我从今日起会全面配合张勇，为我们的组织过渡做好准备。"

公开信发出后，各大媒体疯狂转发，一时间，马云退休、接班人登场的消息霸占了大小屏幕。但人们此时可能忘记了马云曾经对职业经理人的排斥，忘记了他说过"天不怕，地不怕，就怕 CFO 当 CEO"。对这些，马云付诸一笑："任何事情，都会有意外，而这个意外令人惊喜。"相反，马云此时已高度认同张勇个人的价值观、理念与能力，认同他个人形象对阿里巴巴品牌的贡献，正如马云在公开信中所说："他具有超级计算机般的逻辑和思考能力，坚信使命愿景，勇于担当，全情投入，敢于站在未来创新设计新型商业模式和业态。他被评为中国 2018 年最佳 CEO 排名第一，这份荣誉当之无愧！"

第十二章

虽成巨富，更愿为导师

有人曾经请教马云，关于如何看待"在巨富中死去是一种耻辱"的名言。马云没有正面回答，而是提出另一个问题："难道在贫穷中死去是一种光荣？"

马云从来不回避他与财富之间无所不在的联系，但却并不以此为傲。他有关金钱的种种率直言论，甚至会遭到社会舆论（尤其是年轻人）不同程度的误读与讪笑。在努力二十多年后，登顶事业巅峰而急流勇退的马云，究竟内心如何看待自我、他人、社会与财富？

自许"老师",追求新企业家精神

在阿里巴巴,很多人叫马云"马老师",而马云也很享受这个称呼。2018年9月5日,在2018XIN公益大会教育分论坛上,他说,自己最后还是希望能回到老师这个角色,将所有精力和想法放在教育上:"我完全是误打误撞进入商业的,本来就想玩两年,没想到一搞搞了二十年,最后我还是会回到老师这一行的。"

尤其在退休之后,相比商人和企业家,马云更喜欢老师的自我定义。"老师有一个很重要的品德,是其他职业无法拥有的——老师永远希望学生超过自己,相信并希望学生比自己更优秀。"在马云看来,"我这一辈子拿不掉的烙印就是老师。"

这已经不是马云第一次流露出这样的心结,他虽然可能是迄今为止最成功的中国企业家,但他绝不喜欢被看作富商,而更愿意被看成老师。他曾经这样分析,商人的确能够在社会中发挥很多作用,但传统文化的士农工商序列中,商人总是被排在最后,原因很简单,因为商人总是把自己的利益放在首位。马云对此一针见血地评论说:"把自己的利益放在首位的人,他的地位一定是排在后面的!每次听人说商人无非是利益两字,我就觉得恶心!"

在马云看来,以前的商人,可以将利益放在首位,而今天和未来的商人,一定要向老师学习,将别人、社会的利益综合考量起来,才能真正地活下去。马云说:"对一个企业来说,赚钱是很容易的事情,这是我的结果,不是我的目的。但是你能不能持续赚钱,能不能持续创造价值,影响社会,领导整个电子商务互联网,这是我觉得最难的事情。我要挑战的是这些。很多人都懂得怎么赚钱,世界上会赚钱的人很多,但世界上能够影响别人,完善社会的人并不多。如果做一个伟大的公司,你就要做这些事儿。"

换而言之,马云所追求与践行的精神,已经超越了单纯的商业竞争法则,他希望用自己毕生努力所体现出来的,是一种新型的东方企业家精神。这种精神建构在古代中国知识分子的"修身齐家治国平天下"精神追求传统上,充分吸取了中国革命的红色文化,以改革开放后当代中国的主流核心价值观为基础,借鉴了来自日本与西方的有益思想理念,由此总体呈现出同改革开放第一代企业家所全然不同的精神风貌。

这种新企业家精神,得到了阿里巴巴公司员工的支持与学习,得到了社会的赞扬和认可,也获得了党和国家政府的高度评价。毫无疑问,这种精神也来自于马云的政治角色和信仰。

2018年11月底,人民日报刊发《中共中央国务院关于表彰改革开放杰出贡献人员的决定》,决定授予一百名同志改革先锋称号,授予改革先锋奖章,马云的名字赫然在列。随后,人民日报关于马云的简介中,再次确认了他的政治面貌——中国共产党党员。

马云早在大学二年级就加入了中国共产党,从那时开始,他始终以此身份对自己提出高标准要求。他曾经在某次为企业党员上党课时谈到,一个真正的共产党员,应该是理想主义者和现实主义者的完美结合。在两个小时的讲课中,马云说了5次"感谢所有阿里巴巴的共产党员和两万名员工",他还多次竖起大拇指,称赞党员同志们"你们了不起"。

而在马云的公开行程中,也有很多"红色印记"。2011年和2015年,他共去了两次古田会议会址。第二次时,阿里巴巴集团已经创办16年,5月10日正是企业的"阿里日",马云带着团队来到福建省龙岩市古田镇,在这里召开集团历史上第二次CEO管理层改革会议。后来他解释说,之所以要在古田开会,是因为"历史给了我们解答,也让我们重新认识党和国家,不得不佩服伟人的远见卓识。"

三个月之后,马云又带着30多名集团高层去往革命圣地延安。在那里,除了洽谈合作,他们还去参观了杨家岭革命旧址,听了一节党史课。马云后来说,自己之所以去延安,是想

"看看中国共产党是怎样在延安重建希望、重建信心、面对未来愿景驱动的,并从历史中学到可以反思的东西"。[1]

其实,成功的民营企业家中,共产党员有很多,著名企业家梁稳根、王健林、许家印、柳传志等都是党员,马云也同样如此。这在一定程度上解释了他们的管理思想、理念的根源,也折射出

---

[1] 2017年8月,"浙商与西安对话"会议上的讲话。

党与改革开放的深度关系。在马云的思想觉悟中，党的事业是为人民谋幸福，为中华民族谋复兴，党员的责任则是参与其中，贡献自己的力量，这也正是他"让天下没有难做的生意"社会责任感的来源所在。

党员的政治身份与站位高度，让马云能够审视自己在这个时代中如何一路走来。正如他自己所说：

"过去四十年中，中国打开了市场，无论是国内和国际市场的开放。没有改革开放政策的话，就没有今天的阿里巴巴。"

他也感言，自身和阿里的成长，都是时代的奇迹：

"正是中国改革开放和互联网科技的进步，赐予了阿里发展的良机，我们只是恰逢其时，比较幸运地走在这个机遇的中间。"

马云深知，是这个时代给了自己成功的机会，培养了自己的企业家精神，而自己需要以这份企业家精神去反哺社会和国家，必须以家国利益为重，以未来利益为重，以社会利益为重，他由此说道：

"改革开放造就了我们这一代企业家，企业家是改革开放的受益者，也要成为继续深化改革、扩大开放的推动者。"

为社会保管财富，不是为自己

2008年5月12日，马云正在莫斯科参加ABAC会议。当地时间上午10：30之后，马云的手机不断震动，一个个无法证实的消息接踵而来，很快，李连杰打来电话，确认四川发生了严重地震。

马云当即打断会议，他说："各位代表，对不起，我打断一下，我的祖国半小时前地震了，很大的地震……"来自秘鲁的会议轮值主席立刻表示，听到这一消息也很难过，等情况明确后，大会可以做些事情。

当天，马云就决定以个人名义捐款一百万元。随后的几天，他虽然人在俄罗斯，但和国内保持高密度的联系，时刻关注着救灾工作。当听说灾区急缺帐篷时，他立刻打电话给阿里巴巴公司相关部门，要求将能买到的帐篷全部买下，不计成本，想尽一切办法火速送往灾区。

很快，马云提前回国，在和始终身处救灾一线的李连杰交谈之后，他立刻找到相关专家，制订出阿里巴巴的一系列救援计划。

除了高管自己捐款之外，公司还设立了2500万专项救助基金，通过支付宝，公司员工和客户的捐款总共超过2600万元。不仅如此，阿里巴巴还制订了7年援助计划，内容包括给当地留任的教师每人每年补助2000元，帮助当地的电子商务发展，将灾区农产品借助淘宝网卖给全国，在当地建办事处，招募当地残疾青年加入阿里巴巴等。值得一提的是，此后阿里巴巴集团将每年营业额的千分之三都用于社会公益，这是一笔相当不小的数目，公司还通过全员竞选选出10名员工组成"员工公益委员会"，由委员会讨论、考察决定该做哪些公益项目。例如，今天打开淘宝，人们也能发现，其中有很多商家推出了"公益宝贝"，每卖出一件，就会有设定的款项进入指定的公益项目。

到2009年春天，马云带着助理陈伟，和彭蕾等一行人从成都出发，他没有通知当地政府，直接带着越野车队进入灾区，看望了资助学校的师生，还向周围的群众赠送了礼品。晚上，所有人都住在临时搭建的板房里。

从此之后，阿里巴巴的公益事业蓬勃开展。2009年7月，集团开始举办"乐橙青川"公益活动，员工们积极报名、踊跃担任志愿者。2010年玉树地震，阿里再次捐款2500万元，马云自豪地说："台上长得最漂亮说得也最好的就是阿里巴巴的。"2014年4月，马云和蔡崇信成立个人公益信托基金，基金着力于环境、医疗、教育和文化领域，地域涉及中国内地、中国香港和海外，当时总体规模为240亿元左右，是亚洲规模最大的慈善基金之一。沃伦·巴菲特和比尔·盖茨等人获悉后，第一时间称赞马云和蔡崇信的行动会给中国公益事业带来极大的示范效应。而到2014年年底，他又在杭州成立了马云公益基金会。

仅仅在十余年前,中国每年的慈善捐款不足百亿,而马云则成为历史上第一个个人公益捐款额达到百亿级别的企业家,这不禁令人感叹赞赏。但另一方面,公益事业也给马云带来了新的压力——每当有重大灾害性事件发生,网络上总是有舆论指责:"马云为什么不捐钱?他应该捐一个亿!"

其实,早在二十多年前,那时身材瘦弱面容坚毅的马云,就和太太张英定下了人生规划:五十岁之前赚钱,五十岁之后用赚来的钱做公益。随着他的退休进程,马云果然在实践着他的诺言。2013年5月,马云选择从CEO职位上退休,第二天,他就出任了大自然保护协会的中国主席。四个月后,他和太太加入了生命科学突破奖基金会并担任理事,计划每年捐赠300万美元资助研究攻克癌症、糖尿病的科学家。2015年4月3日,他捐款一亿元人民币,设立"杭州师范大学马云教育基金"。4月10日,他又联手马化腾、沈国军等商界大佬,设立"桃花源生态保护基金会"。

"授人以鱼不如授人以渔",马云在做慈善过程中也意识到,真正的援助不是将成堆的现金撒出去,而是将知识与文化带给落后地区。2015年9月,马云公益基金会发起了"马云乡村教师奖"活动,旨在通过寻找和评选优秀乡村教师并给以奖励,激励他们进一步发挥光和热,使得乡村学校更具活力。随后,这个基金会又相继开展了乡村校长计划、乡村师范生计划、乡村寄宿制学校计划,影响到将近十万名乡村教育工作者。

令人感动的是,马云将这些奖项的颁奖地点永久性选择在三亚,每年,他都会飞往那里,为获奖者颁发证书。他对记者说:"很多老师从未看到过大海。大海带给人想象,没有想象力的老师会很难教出有想象力的孩子。这也关乎尊严,很多老师是第一次走出大山高原沙漠，第一次乘飞机，第一次住五星级酒店。"

排除品牌推广的意义和曾经的教师身份之外，马云如此重视乡村教育，是因为他清楚地明白，企业做得再大、个人财富再多，如果缺乏长远规划，没有可持续发展进程，没有整个社会的进步，那么眼前的富贵也迟早会如浮云般消散。而有了不断提升的乡村教育，就有素质不断提高的年轻人，就会有未来社会的希望，在这样的社会中，阿里巴巴才会有更大的发展希望。正因如此，他说，阿里巴巴商业愿景是做102年的企业，但乡村教育计划的愿景没有时间限制。

正如马云所说："以我今天的收入和财富，如果再要去追求钱，那跟猪也没有什么区别了。今天对我而言，更重要的是把钱用在哪里，把时间用在哪里。公益的心态加上商业的手法，这是做成事情的最有效方法。做公益和慈善，在我看来是人生一种很大的福报。"显然，在拥有巨富之后，企业家能够做出一两件公益贡献，这并不困难。但马云的言行，体现出他清醒意识到公益事业的重大社会价值与现实意义。

可贵的是，马云没有将公益行为当成炒作和吸引眼球的手段，也不是以高高在上的姿态派发现金，相反，他将公益看作与创建阿里巴巴一样，是另一种改变社会、改变每个人的方法，他甚至说：

"捐款改变的不是灾区，改变的是你自己。"[1]

为此，已经退休的他，正以谦和与坦诚的心灵，去直面自己新的愿景、新的方向，并努力与所有同伴，肩负起相应的责任。

---

[1] 2011年9月，杭州师范学院开学典礼讲话.

有了爱，再去拥有一切

马云的母亲曾经和别人说过一个故事：很小的时候，家里组织过一次兄妹仁的炒菜比赛，马云是三个人中最不会做菜的，于是就炒了个鸡蛋，但最后他获胜了，因为他用花生米在炒蛋上镶嵌了一颗漂亮的"心"。

用心去关爱与尊重别人，是马云得以在成功道路上不断前进的重要因素之一，也是他为人私德上最值得学习的地方。无论什么时候，无论对谁，马云总是会流露出善意的微笑，给予真正的尊重。

曾经有一次，马云收到自己就读的小学建校 50 周年庆典邀请函，那段时间他非常忙。助理以为他不会去，但马云说："去！再忙也要去！"他还记起小学班主任和英语老师的名字，回忆起那时的英语老师是怎样上午自己去培训，下午回来教学。庆典那天，马云来到学校，和两位慈母般的老师合影，他说："老师，我刚剃过光头，现在头上的伤疤能看清楚吧？您还记得那件事吧？"

马云所说的事,是小学时高年级的同学欺负马云班级的同学,马云偏要出头为同学讨回公道,结果被打伤,头上缝了差不多10针。班主任搀着满头是血的马云去医院缝针,马云一声也没有哭,老师也始终在安慰他:"好孩子,真是好孩子。"

老师所给予那个幼童的一点关爱,让马云在心里记住了一生,并生根发芽,成就阿里巴巴价值观和企业文化中的大爱。

在阿里巴巴,马云叫出任何一个员工的名字,都不足为奇,因此而发生的故事也数不胜数。但马云面对员工所采取的关怀姿态,又与许多企业高管的"平易近人"姿态有所差别,其中包含了更多的细心与随和。

2011年7月初,阿里巴巴公司的吴菊萍为了接住从10楼掉下的小朋友妞妞,手臂粉碎性骨折,人也被砸昏过去,她和妞妞分别在不同医院抢救治疗。听说了消息之后,马云发了一条微博:"第二次世界大战后,孩子问:'爷爷,战争中你是英雄吗?'爷爷说:'我不是。但爷爷和一群英雄战斗过,共事过!'荣幸与吴同学共事7年,祝孩子和你早日康复。"

发完微博,马云让助理先代表自己去看望吴菊萍和孩子的父母,助理不解地问:"很多领导都去看望她了,您为什么……"

马云说:"现在这么多记者都在现场,我去不是添乱吗?他们是报道吴菊萍的事迹,还是采访我啊?等人少一点我再去。"

当事情的热度过去后,马云才悄然来到病房。为了安慰吴菊萍,他拿来纸和笔,给吴菊萍计算妞妞落到她手上的冲击力,讲自己考察途中的趣事,整个谈话过程中,吴菊萍笑个不停。

此后,马云还让助理专门去看望了妞妞的父母。此时,孩子的情况非常凶险,除了传达安慰的意图外,助理还按照马云的意思,承诺任何医疗费用方面的问题,都可以找阿里解决。后来,妞妞奇迹般地挺了过来,当初医生所担心的后遗症并没有发生。

除了这种体现在细节上的爱之外,马云的"禅让"和隐退,则展现了他治理偌大企业经历中所积淀下的人文大爱。他选择在年富力强时退休,不是为了躲避责任,而是希望能用责任去培养和锻炼新的接班人。2013年3月10日,他宣布将不再担任公司CEO的决定之后,在荟萃了中国著名企业家的华夏同学会会议上这样说:"要想明白,我们来到这个世界上不是来做事的,是来做人的。年轻人一定会比我们干得好,只是看你愿不愿把他们找出来……我不做CEO了,要做一个CKO,'首席开导官',这样也蛮好。之前我做CEO时对员工说:Don't love me, listen to me。现在不做CEO了,要求相反了:Don't listen to me, please love me。"

在座的商界精英钦服于马云的境界,不时爆发出掌声。

企业家拥有爱的能力,或许在资本野蛮生长的年代看来过于"虚无",甚至会被嘲笑。但想要解读阿里巴巴成长的来龙去脉,这一点很重要。马云对国家与民族、社会与事业的爱,对身边每个人的爱,是他缔造阿里巴巴价值观与企业文化的原动力,也表现为他在领导这家企业时的谦虚与包容态度上。

在马云亲自讲课的"风清扬"班中,学员主要是公司年轻骨干和部分副总裁,讲课的内容基本是"务虚",以讲授做人道理为主。当他说到团队时,他说:"我们一定要分清性格和人品,不要因为性格不同而去怀疑别人的人品,要学会包容。比如我们的团队,每个人的性格都不同……每个人都有自己的性格,这样才是完美的团队。"他还谦和幽默地说道:"如果全体员工都跟我一样,每天讲梦想,公司就完蛋了……"

同样,马云这种从少年时代就养成的谦和力,也让他随时随地能进入学习状态,去通过和其他任何人的交流,丰富自己的知识和思想世界,再将之源源不断灌输到阿里巴巴的灵魂中。无论是国外的巴菲特、默多克、杰克·韦尔奇、比尔·盖茨、稻盛和夫、扎克伯格这些商业领袖,还是国内的杨致远、郭台铭、郭广昌、沈国军这些商界名人,抑或邓亚萍、贝克汉姆、周星驰、高晓松、张纪中这些文体名人,马云都能和他们成为好友,在谈话的机锋中爆发出默契的笑声,碰撞出智慧的火花。而即便是和自己的"御用"理发师,以及普通的文员、保安、厨师等,马云也能找到同样的谈话感觉,仿佛对方是身份与他平起平坐的顶尖人物。

正是由于这份经历风雨厮杀后依然坦荡天真的博爱,在马云身上,你几乎无法看到那种富贵逼人的气质,也找不到骄傲自满的心情,正如他所说:"其实每个人对别人的影响都是一点一滴而来,靠改变自己去影响别人。"在从创业走向成功再走向巅峰的路上,他不断在用委屈去撑大胸怀,用胸怀去拥抱变化,再用变化滋养自己的爱心,在这样的变化中最终迎来光辉的退休时刻。

追求人生的大平衡,而非一时一地

马云曾说:

"对于阿里巴巴这么年轻、还处在创业阶段的公司来说,现在过多的荣誉是害处大于益处。本来我们可以悄悄发展,但现在评论多了,关注也多了。我真的挺怕,荣誉让你醉过去,飘飘然。"[1]

马云没有醉过去和飘飘然,但许多看他的人,却已经飘飘然了。

在移动互联网时代,热点层出不穷,任何一个偶然的契机,都可能让原本并不起眼的人、组织或者事件,变成舆论追捧的对象而成为"网红"。而附着于"网红"所产生的注意力流量,又能兑现为以往经济环境中所无法想象的利润——尽管"网红"本身可能根本不需要这样的关注和套现。

从2010年开始,马云和阿里巴巴开始面临着因为逐渐"走红"而产生的问题,这让他必须学会平衡身心与外界,正确面对偶尔

---

[1] 肖文健编著. 马云创业语录[M]. 北京:中国致公出版社,2008.10.

的尴尬。

2012年，马云在深圳的即兴演讲时说道："我记得在飞机场买过一本杂志，我说这个人怎么这么厉害，翻过来，这个人是我？根本不是我，夸张！"后来，马云也逐渐意识到，伴随着自媒体、微商、期刊和各种传记书籍的传播，自己身上的那些光环越来越多，相互重叠渲染，已经远远超越了自我控制范围，甚至连"高考数学1分"这样的故事，也会让社会产生误解。对此，他只好尽可能地解释："这个考1分给社会上带来很多误解，马云数学那么差还能够成功，可能不需要数学。其实，我特别支持数学，数学非常重要。"他甚至自知理亏般地解释说："我也想告诉大家，我数学其实不算太差，我高一的时候还是数学课代表，但是因为没念高二，直接跨越到文科班，所以数学到后来就越来越不灵了。"

这番话，马云在2019年3月29日第一届阿里巴巴全球数学竞赛颁奖典礼上脱口而出，面对全球各地的数学顶尖高手，他毫不掩饰自己曾经的缺点，更是在用实际言行来试图弥补其产生的误解。

然而，影响力越大，其产生的负面作用也越大。一路走来的过程中，马云也发现，许多平常人能做的事情，自己越成功反倒越不能做了。

2013年，有朋友在和马云闲聊时，提到某位"大师"有超能力，马云对此并不相信，但又有些好奇，经不住朋友再三邀请，就去看了一下。结果，不久后就受到了各路媒体和万千网民的批评攻击，说他作为当代企业家还如此迷信、幼稚。马云对此只好付诸一笑，承认好奇心害了自己一次。

2014年，马云成立了个人信托基金会，注册地址在国外，网络上的批评声浪再次出现。许多人质疑，作为中国人，为什么不将个人慈善基金会在中国注册，而要选择国外，这不是"卖国"，也是"崇洋媚外"！还有所谓的权威报告，说中国 2014 年的慈善公益捐款有 80% 流向海外，理由也基于马云和蔡崇信的个人慈善基金是在国外。

对这些说法，马云哭笑不得，他只好解释说，捐赠到海外，是考虑到目前中国公益慈善基金设置制度尚未完善，而且捐赠的是海外上市公司的资产，为了方便早日开展工作，所以只能先把基金注册在国外，等待国内机构的设立后就立即进入工作。"基金注册在哪儿不等于钱花在哪儿。捐赠之初，我和蔡崇信就达成共识，这笔捐赠的绝大部分，将会用在中国的环境保护、教育、医疗卫生以及中国公益基础建设和公益人才培养上。"

尽管可以用公开回应来面对误解，但马云没想到，在公司内部的讲话，也会有朝一日给他带来舆论事件。

2019 年 4 月 11 日晚，在阿里巴巴内部交流活动上，马云对"996"问题发表了个人看法。在他看来，这是国内很多企业都有的问题，但他还是认为在阿里，"996"应该是员工的自觉，因为"大家来了阿里，既然选择了，与其让自己痛苦，不如你的 996 做得更舒服一点，你工作十年，可以抵人家工作二十年，就这么回事"。在这样的语境下，马云说出了引起轩然大波的一段话："能做 996 是一种巨大的福气，很多公司、很多人想 996 都没有机会。""请问大家，你不付出超越别人的努力和时间，你怎么能够实现你想要的成功？我不要说 996，到今天为止，我肯定是 12×12 以上。"

实际上，这只不过是马云在企业内部讨论会上发表的个人看法。在阿里这家公司的企业文化里，以开会形式交心，所有人实话实说，并没有任何奇怪。即便马云本人，也曾直面过来自高管"如果你做出错误决定，谁能制衡你"的尖锐提问。但马云说这番话时，没有想到高度发达的移动互联网迅速将其传播并发酵，随后引起了网络上广泛而具针对性的批评声浪，他不得不先后两次发声，在微博上表示："任何公司都没有权利，也不应该强制要求员工996，但是年轻人自己要明白，幸福是奋斗出来的！阿里巴巴一向都提倡认真生活，快乐工作！""想让员工通过996而获利的公司是愚蠢的，也不可能成功……但当一个人找到了自己热爱的事情，何止是996？"

马云卷入这次舆论风波，毕竟有些得不偿失。正如他自己所说，很多人在此之前劝他不要发声谈这样的话题。马云或许是出于社会责任感，或许是站在劝慰员工的角度上，就"996"说出了自己的心声，而至于其如何被解读、如何被放大，即便是他，也已经很难控制了。从某种角度来看，反对者们反对的并不是马云本人，而是经过媒体、资本与段子包装之后，那个虚拟出的"中国首富"的形象，对这个凭空竖起的靶子形象，马云始料未及，但做出了最大努力的平衡。

即便马云曾遭受过上述误解，但没有人能否认，在私生活和道德品质上，他几乎无可指摘。他从未有过任何绯闻，和妻子的感情数十年如一日的和谐而稳定，子女的言行也低调到几乎毫无踪迹。马云之所以能在紧张的工作、严密的舆论和平静的家庭中建立起平衡的三角，不仅来自于其个人的素质底蕴，也与其积极的心性修养分不开。

从2007年11月阿里巴巴在香港上市，马云对外宣称"一年内不接受媒体访问";这一年,他鲜少在公众场合出现。2008年初夏,马云突然离开杭州,来到重庆北碚缙云山白云观住了下来,这一住就是三天。

来到这里,马云只有一个目的:禁语。

在无人打扰的道观里,马云将所有的时间花在用毛笔抄写经书上。刚开始时,他所写的每个字都很大,写到最后,每张纸上出现的都是整齐的蝇头小字。三天之后,走下白云观的马云气定神闲,他对前来接他的员工说:"禁语前觉得能不说话真好,禁语后才觉得能说话真好。"

后来,马云不止一次地用这种方式来平衡内心体验与外界压力。通过主动发掘"闭关"思考的时机并付诸于实践,无论过去、现在还是未来,马云都能走过外界舆论的风吹浪打,气定神闲地地执着于自己的事业观、生活观与人生观。而随着他退休日期的到来,他终究会投身到期待已久的环保、教育、公益事业中,去享受那不再成为焦点、不需要禁语的快意人生。

让能力大于欲望,远见带来自在

马云曾说过:"让能力大于欲望,人生就会自在。欲望大于能力,人生就会痛苦。"数十年来,无论是在个人生活,还是企业经营上,他都在用实际行动诠释着如何获得自在人生。

一直以来,马云对金钱的观点都流传在网络上,许多人认为他是在故作深沉。但实际上马云最初就已经说得很清楚:

"如果一个企业脑子,我说你这个脑子里想的是钱,这个是人民币,这个是美元,张嘴就是港币,人家不愿意跟你这样的人交朋友,做不好事,员工也看不起你,对吧,谈钱太庸俗。"[1]

在马云看来,脑子里只有金钱的欲望,很容易被外人所看穿,而这会导致无法获取真正宝贵的资源:

"正因为不爱钱,才今天有那么多的资源,如果你爱钱了,你的钱不会多。"

---

[1] 2016 年 央视《面对面》采访谈话.

马云所说的似乎是悖论,但却是许多人在生活中不断犯下的错误:当一个销售始终想着的不是帮助客户,而是卖出产品;当一个创业者想尽办法不是为了提升企业价值,只是为了拿到更多风投;甚至当一位医生、一位教师所想到的不是职责所在,而是如何赚取更多金钱,那么他们面对的最终人生状态,将并不是自在,而是欲求始终不满的痛苦。因为普通人的能力始终存在边界,而对金钱的渴望则漫无边际,当这种渴望主宰了你的人生,你就无从看见未来的机会。相反,如果把欲望转移到提升远见与能力上,金钱最终会如同产业链上的副产品那样,不请自来地来到你的人生。

对此,马云总结说:"我认为今天商人要寻找一个机会,今天做明天就成功的机会基本没有,因为这个世界聪明人太多了。不要说我们公司,我有时候坐在公司里面,看看公司那帮年轻人,我也目瞪口呆,这帮人怎么这么聪明,比聪明你已经没有机会了,比勤奋估计更没机会,你只能比未来,我认为十年以后中国社会会出现这样的事情,我必须去做。"而具备了这种远见并实际行动之后,才会由"人追钱"的状态,变成"钱追人"。否则,就是"一点出息也没有"。

其实,马云对金钱的态度并不需要他用太多语言进行解释。2017年9月20日,阿里巴巴B2B类事业群总裁戴珊在微头条上发布了一则马云吃泡面配咸菜的照片,她说:"今天是阿里上市三周年,这三年发展的背后,这个白衣男人和他身后的阿里人,很多日子是这样过的。其实18年一直如此。感谢大家一起携手前行。"

戴珊是马云教师生涯的最后一届学生,当年与丈夫追随马云创业，夫妻二人都是阿里巴巴十八罗汉成员。她亲身经历过那段阿里初创时最艰难的岁月：整整几个月时间，大家已经没钱吃饭，只能每顿都吃方便面，马云不仅自己吃，甚至还面试并录用了一个刚毕业的女生，原因是她能将方便面"煮出 18 种味道"。

那时，马云刚拒绝了雅虎中国上百万美元的年薪，甘心在杭州的居民小区吃方便面创业，而到此刻，他依然将方便面吃出平凡而普通的味道。

实际上，马云对于物质的欲望并没有太强。他坦承，家里的东西很多是在网上买，但自己从来不买，甚至很多年出门都没有带过钱。他虽然收藏有许多名车、名表，但却从未在任何公开场合炫耀，甚至他的爱好都是那么"省钱"：太极拳、小说、电影、钢琴……一直以来，推动马云前进的并不是对财富的追逐，而是对梦想的渴求。

同样，马云也在一次演说中提到，企业家要学会控制自己对梦想的欲望：

"梦想是自己的，理想是大家的。不管你再大的理想，你必须脚踏实地，必须付出比别人更大的代价，你才有可能。而且这个代价不是让别人为你付出代价，而是你付出的代价必须比员工更多。"[1]

这意味着，如果企业家只看得到自己的梦想，就很可能眼高于手，带领整个企业走上不归路。懂得找到企业能力的边界，往往和企业家控制对财富的欲望一样重要。

正因如此，在 2018 年，马云主导了他退休生涯之前对阿里最

---

[1] 2019 年 4 月 23 日，中国绿公司年会的演讲.

重要的一步棋：从美国市场撤出。

阿里在美国的发展可谓一波三折：2011年阿里巴巴曾被美国拉入恶名市场名单；2016年再次将阿里巴巴拉入黑名单；2018年1月，美国政府再次以安全为由，强行中断蚂蚁金服收购美国速汇金的计划；2018年4月，美国政府再次针对阿里巴巴，提出限制阿里云在美的发展计划，认为阿里云价格低廉，对于美国的谷歌、亚马逊来说，这有失公平，因此将再一次对阿里巴巴进行打压、抵制。虽然阿里云刚进入美国时，承诺给美国提供上百万的就业岗位，并兑现了承诺，但面对美国政府丝毫未能改变的状态，马云意识到，此时，必须要像21世纪初期的大撤退那样，选择退出美国市场。

马云宁可在退休之前选择适当退让，也不愿让个人的好大喜功给阿里这个企业带来新的风险。这是因为马云相信，离开，可能是此时最好的选择。这种相信，建立在他对未来的相信上，因为当阿里巴巴在云计算等领域做得更好，拥有更高的技术能力，必然有重返美国、实现梦想的时候。到那一天，马云将作为阿里巴巴的精神领袖和首席"开导官"，与这个注定不断成长的企业、与所有关注和支持他们的中国人，一起面对崭新的世界。

也有可能，今天的马云并没有想到那么多。他更为享受的，只是许多普通人的感谢和追随的幸福感。很多时候，他在外面吃饭喝茶，临走时会发现有人结账，并附上一张小纸条："谢谢你，马总，我在淘宝做生意赚到了钱。"这一刻，马云其实是最开心的。

商人授人以鱼，老师授人以渔。授人以渔，则不如授亿万人以渔。让天下没有难做的生意，这是马云最大的梦想，当他业已退休，为商业界留下的是一个如此优秀的阿里巴巴，这个企业汇聚了十万人的智慧和能力，并将继续在他的梦想感召下奋勇向前。

2019年9月10日，是马云在公司上班的最后一天，阿里总部人山人海。员工们夹道欢迎，争相目睹他退休前的风采。马云笑容满面，热情地和所有人打招呼。

此时此刻，马云在想什么？他或许想到外经贸部员工宿舍的上下铺，想到湖滨花园小区住宅里刺鼻的味道，想到与蔡崇信夫妇初次泛舟西湖的夕阳，想到"非典"时面对的坚定眼神……

也有可能，此刻的马云并没有想到那么多。他更为享受的，是普通人感谢和追随的幸福感。很多时候，他在外面吃饭喝茶，临走时会发现有人结账，并附上一张小纸条："谢谢你，马总，我在淘宝做生意赚到了钱。"那一刻与此时的马云，也许是最开心的。

马云童年的大侠梦想，终于以闭关修炼、行走江湖、华山论剑直到退隐山林的情节，汇聚成了浓墨重彩的传奇人生。当梦想实现的这一刻，还有什么笑容能更为真实和灿烂？

商人授人以鱼，老师授人以渔。授人以渔，则不如授亿万人以渔。"让天下没有难做的生意"，依然是马云最大的梦想。当他退休之后，为商业界留下的是一个如此优秀的阿里巴巴，这个企业汇聚了数十万人的智慧和能量，将继续在他的梦想感召下奋勇向前。

而马云本人，或许还会为世界写下新的传奇。

附录

大事记

1992 年	第一次创业,成立海博翻译社。
1995 年	与互联网接触,创办"中国黄页"网站。
1997 年	加入外经贸部商务信息中心。
1999 年	创立阿里巴巴。
2000 年	软银孙正义投资阿里,蔡崇信发挥重大作用。 遭遇全球互联网泡沫破裂,阿里首次危机。 举办"西湖论剑",打造企业文化。
2003 年	在抗击"非典"中成立淘宝网,创办支付宝。
2004 年	精心组织第一届网商大会,为电子商务生态圈鸣锣开道。
2005 年	阿里收购中国雅虎。
2006 年	淘宝以黑马姿态,击败 eBay 易趣。
2007 年	阿里巴巴 B2B 业务在香港上市。
2008 年	成立阿里云。
2009 年 3 月	任命张勇管理淘宝商城,首度实现盈利。

2009年11月	"双十一"诞生,日销售量逐年暴增。
2010年	开始实行"合伙人制度"。
2011年	"淘宝围城"事件,主动拆分淘宝。
2012年	将淘宝商城更名为天猫商城。
	获得当年CCTV"中国经济年度人物"称号。
2013年3月	发表邮件宣布"ALL IN 无线",阿里巴巴开始全面移动布局。
5月10日	不再担任阿里巴巴集团CEO。
	布局物流领域,发起联合成立"菜鸟物流"。
	余额宝诞生,阿里巴巴进入金融领域。
2014年6月5日	阿里以12亿元收购广州恒大足球俱乐部50%股权,更名为广州恒大淘宝足球俱乐部。
9月19日	阿里在纽约上市,全球市值最大互联网公司诞生。
10月	组建蚂蚁金服,统筹金融业务。
2015年	阿里收购优酷土豆,战略投资邮政储蓄银行、苏宁、魅族、华谊、光线传媒等。
	同年,组建阿里影业、阿里音乐、阿里文学、阿里游戏、
	阿里体育等事业群,布局线下零售和线上文娱领域。

2016 年	提出"五新"战略：新零售、新制造、新金融、新技术、新能源。
	同年，宣布成立阿里巴巴 VR 实验室，收购神州专车，投资盒马鲜生。
2017 年	开启阿里巴巴"新零售"战略元年，入股联华超市和高鑫零售，将大润发、欧尚、联华等最大商超卖场拉入"新零售"革命。
	阿里巴巴宣布成立脱贫基金，投入百亿元在教育、健康、女性、生态、电商 5 大领域参与脱贫攻坚。
	主演电影《功守道》。
2018 年	入选国家"改革开放 40 年改革先锋称号人员名单"。
	阿里入股居然之家、小红书，收购饿了么、盒马鲜生，与星巴克达成全面战略合作。
9 月 10 日	宣布将于 2019 年 9 月 10 日不再担任阿里巴巴董事局主席，由张勇接任。

名言录

※ 今天很残酷,明天更残酷,后天很美好,但是绝大部分人是死在明天晚上,只有那些真正的英雄才能见到后天的太阳。

※ 人要成功一定要有永不放弃的精神,当你学会不放弃的时候,你才开始进步。

※ 心中无敌者,无敌于天下。

※ 最优秀的创业一定是简单的!优秀公司一定是简单的!

※ 企业家要懂得自己左手温暖右手……

※ 男人的胸怀是委屈撑大的,多一点委屈,少一些脾气你会更快乐。

※ 在别人把你当英雄的时候,你千万别把自己当英雄.如果你真把自己当英雄,那么你就真的离死亡不远了.

※ 懒不是傻懒,如果你想少干,就要想出懒的方法。要懒出风格,懒出境界。像我从小就懒,连长肉都懒得长,这就是境界。

※ 做任何事,必须要有突破,没有突破,就等于没做。

※ 蚂蚁走得好,大象也搞不死他。

※ 我们必须学会尊重和理解别人。很多时候发现我们缺的不是钙,而是爱!

※ 上当不是别人太狡猾，而是自己太贪，是因为自己才会上当。

※ 永远把别人对你的批评记在心里，别人的表扬，就把它忘了。

※ 初次创业如初恋，失败的故事很凄美。

※ 聪明是智慧者的天敌，傻瓜用嘴讲话，聪明的人用脑袋讲话，智慧的人用心讲话。所以永远记住，不要把自己当成最聪明的，最聪明的人相信总有别人比自己更聪明。

※ 即使跪着，我也得最后倒下！

※ 男人的长相往往和他的的才华成反比。

※ 只为成功找方法，不为失败找理由。

※ 短暂的激情是不值钱的，只有持久的激情才是赚钱的。

※ 记住，关系特别不可靠，做生意不能凭关系，做生意也不能凭小聪明。

※ 有时候死扛下去总是会有机会的。

※ 很多时候创业者因为自己搞不清楚而不去创业，实际上等你搞清楚以后就更不会去创业了。

※ 一个成功的创业者，三个因素，眼光、胸怀和实力。

※ 很多人可以抄袭我们的创意，我们的模式，但是他们抄袭不了我们付出的努力、付出的汗水。

※ 我当年学英语，我没有想到后来英文帮了我的大忙。所以，做任何事情只要你喜欢，只要你认为对的，就可以去做。如果你思考问题功利性很强的话，肯定会遇到麻烦的。

※ 人要有专注的东西，人一辈子走下去挑战会更多，你天天换，我就怕了你。

※ 当你成功的时候，你说的所有话都是真理。

※ 每个人都应学会认真做事，大度做人。

※ 如果有两种选择：一是一流的团队，三流的执行能力；二是三流的团队，一流的执行能力。我情愿选择后者。

※ 有结果未必是成功，但是没有结果一定是失败。

※ 创业者书读得不多没关系，就怕不在社会上读书。

※ 有时候把自己长项藏起来，弱项暴露出来没关系，这是我的建议。

※ 免费是最昂贵的产品。

※ 别人可以拷贝我的模式，不能拷贝我的苦难，不能拷贝我不断往前的激情。

※ 什么都想自己干，这个世界上你干不完。

※ 做一份工作，做一份喜欢的工作就是很好的创业。

※ 80年代的人不要跟70年代、60年代的人竞争，而是要跟未来，跟90年代的人竞争，这样你才有赢的可能性。

※ 不要贪多，做精做透很重要，碰到一个强大的对手或者榜样的时候，你应该做的不是去挑战它，而是去弥补它。

※ 我既要扔鞭炮，又要扔炸弹。扔鞭炮是为了吸引别人的注意，迷惑敌人；扔炸弹才是我真正的目的。不过，我可不会告诉你我什么时候扔鞭炮，什么时候扔炸弹。游戏就是要虚虚实实……

※ 创业的时候，我的同事可能流过泪，我的朋友可能流过泪，但我没有，因为流泪没有用。创业者没有退路，最大的失败就是放弃。

※ 永远要相信你边上的人比你聪明。

※ 这个世界不是因为你能做什么，而是你该做什么。